JN153739

女性集客のプロが教える

人気店の空間ブランディング

SPACE BRANDING

三好里香

dragon factory 代表

游藝舎

あなたのいるその「空間」は、
あなたをパワフルに力づけてくれていますか？

商品開発、人材育成、販促ＰＲ、マーケティング戦略……。

ビジネスの成果を限界付けている要因は様々ありますが、
その原因が「空間」にあると考える経営者は少ないと思います。

男性が考える左脳的集客方法には
限界があります。

なぜなら、
本当に上質な女性顧客の気持ちがつかめていないから。

戦略でもなく、ハイスペックな機能でもない。

欲しかったのは、
感情に共感するストーリー。
欲しかったのは、
「五感に訴える、極上の居心地よさ」。
欲しかったのは、
圧倒的世界観。

「空間」とは、顧客への最大のホスピタリティ。

「空間への投資」とは、
ライバルと戦わずして勝ち続ける方法。

女性のファンを味方につけることで、
リブランディングできる、
画期的集客メソッド「空間ブランディング」術。

そこに気づくと、俄然ビジネスが加速しはじめます。

第3章　女性市場を勝ち抜く戦略「女性視点マーケティング」

第4章　魂のビジュアルブランディング、足りないのは「コンセプト」だった

15のバックストーリー　137

第5章　誰でも「心地いい」を作れる「黄金メソッド」

はじめに

なぜあの店にはいつもお客様がいるのか？

お客様が入っている店とそうでない店。その明暗を分けた理由は何だったのでしょうか？

例えば、ショッピングモールなどの飲食フロアでは、長蛇の列の活気ある人気店と、閑古鳥が鳴く寒々しい店、隣同士にそんな光景を見ることがありますね。人の心理として当然、「何か理由がある」と流行っている方に並ぶかと思います。

こうした人の心理を利用し、意図的に集客や購買に繋げること、また反対に来てほしくない顧客をはじくこと、どちらも空間にできることのひとつです。

流行る店には必ず、「ライバルに勝つための、偶然ではない理由と仕掛け」が入っています。

たまたまどこかでランチをしようという顧客は、店のマーケティング戦略とは関係ない一見様顧客層。まずこのケースに先手を取り、「初めての顧客の心をつかみリピートに繋げる」。これが人気店になるための秘策といえます。

理由として明らかなのは、まず「見た目」。「ファザード（建物の真正面から見た外観）のアピール度と、中に見える空間インテリアの力」の差といえるでしょう。これを「魂のビジュアルブランディング」と名づけました。

初めてのお客様は明解です。「なんか素敵」か「なんかダサい」。第一印象で無意識に2択の優劣をつけているのです。後に解説しますが、特に女性客はその観点のみで選んでいる人がほとんどです。

誰もが「長く愛される店になりたい」、そう願って自分の店を持っても、3年で約半分が閉店に追い込まれ、5年で6分の1、10年で20分の1しか生き残れないという現実があります。そして、消えていく店には必ず、嫌われる理由と、ある「仕掛け」が入っていない　という共通項があります。

つまり「ライバルに勝つための、偶然ではない理由と仕掛け」とは、まず「見た目」、そして、その「仕掛け」が入っているかどうか、これが決定的な決め手となります。

人気店になるか、消える店なのか。空間を見ればどちらかすぐにわかります。

空間デザイン歴35年、「人の心を魅了し感動に繋げる空間」をデザインポリシーとし、「心に刺さる視覚的演出」の独自メソッドで、カフェ、サロンなど商業空間を多数プロデュースしてきました。理想の顧客層が自然と集まってくる、そんな女性心に効く空間を得意とし、提供してきました。

いい空間は、まるで音楽や色と同じように、メンタルにプラスのパワーを送っています。素敵な絵画や音楽に癒やされたり感動したりするのと同じように、【空間】はあなたの心の奥深いところに入ってきて、大きな影響を与えている存在なのです。今までそんな意識は全くなかったと思いますが、空間の持つ力を最大限にビジネスにも応用していく、それが「空間ブランディング」という考え方です。

「なんとなく居心地がいい」には全て理由があり、空間で人の心理を操ることが可能です。商談がポンポン決まる席、ひとりで仕事に集中できる席、彼女と仲良くなれる席など、意図的な仕掛けでほしい成果を自由に手に入れることが可能です。

同時に、悪い空間はあなたのパワーを奪い、人の心を落としていきます。

つまり、仕事のパフォーマンスも、集客の数字も、あらゆる成果が空間の良し悪しにかかっているのです。

何気なく過ごしているあなたの空間は、どちらの空間ですか？

経営上の数字、集客マーケティング、そこを専門としたビジネスコンサルは多数いるかと思いますが、肝心の【空間】をマーケティングツールとし、それを専門として診断するコンサルはいなかったかと思います。

「戦わずして長く勝ち続ける店」。これをずっと探求してきました。いい空間に投資をし、お金では買えない「クライアントの信用」を得る、そんな【空間ブランディング】というオリジナルロジック。

「なぜその空間をリピートしたいのか？」

その裏心理を解明しながら、ここに種明かしをしていきます。

第1章

自然とお客様が寄ってくる「空間ブランディング」

女性人気の繁盛店は「空間」で作ろう！

劇的集客マジック「空間ブランディング」を活用すれば、理想とするクラスのクライアントが相手の方から自然と集まります。そんな嬉しい効果とその理由とは？

目からウロコの劇的集客法「空間ブランディング」とは？

あなたは自分のお店の集客方法に満足していますか？

そして、来てほしいと思っている理想の客層のお客様をちゃんと集客できていますか？

PRや広告、SNS発信などあらゆる方法を頑張っているのに、何かうまくいっていない……というケースのほとんどが「空間」に原因があるといえます。その「空間」については、まさかのノーマークなジャンルであり、「その使い勝手や見た目のグレード、改装タイミングやそれに関する予算は自身に関することであり、集客とは別問題で無関係」と認識されていたオーナーの方がほとんどではないでしょうか。

今までの集客方法と全く違う観点の**「空間に投資して、自社のブランド力をアップすることで、自然と顧客の方から寄ってくる」**という画期的な集客イノベーション、それが「空間ブランディング」集客法。こんな方にぜひおすすめします。

- 原因はわからないけれど、なんだかチグハグでイケていない空間をなんとかしたい。
- 新しい強みを見つけることで、新規顧客が定着せず伸び悩んでいる現状を打破したい。
- ターゲットを、よりハイエンドな女性客に寄せてアピールしたい。
- リピート率、客単価アップを狙いたい、さらに値上げのきっかけがほしい。
- おしゃれな人材をリクルーティングしたい、同時に離職率をなんとかしたい。
- 素敵な店内写真を自信を持って掲載し、アピールしたい。

これらの問題は全て、実は「空間ブランディング」という方法で解決できます。**莫大な広告費をかけなくても、過剰な営業トークがなくても、「空間をお客様目線でクラスアップする」という、目からウロコの集客方法。**空間を上げることで、自社イメージをブランディングアップできれば、黙っていても自然と理想的なお客様が、店にどんどん足を運んでくれるようになり、結果が数字として現れてきます。

空間をブランド化し利益を上げるメソッド「空間ブランディング」

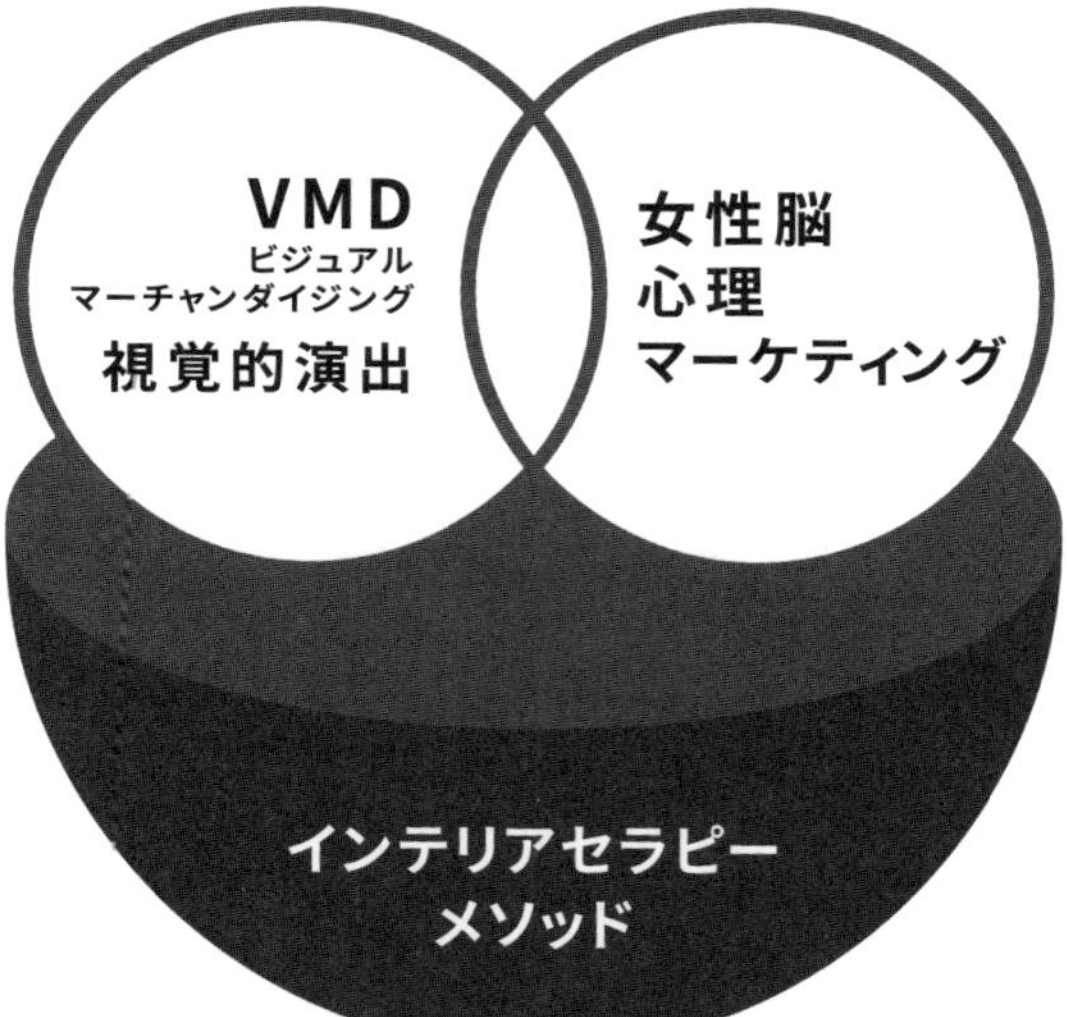

VMD
ビジュアル
マーチャンダイジング
視覚的演出

女性脳
心理
マーケティング

インテリアセラピー
メソッド

パーソナルな女性に向けた「心が癒やされる空間」を作るインテリアセラピーメソッド。それをベースに、ビジネスオーナー向けに集客を目的とした、オリジナルメソッドが「空間ブランディング」です。VMDの知識と女性脳心理マーケティングを掛け合わせることで、お店の空間自体をブランド化し、利益を上げる空間を作り上げます。

どんな空間で過ごすかで未来の人生が変わる

お店を数字としての結果が出せる人気店にするための条件としてまず、女性客の心をつかみ、女性客を味方につけることが必要不可欠だと思っています。その理由としてのロジックはいくつかありますが、まず、私が以前から提唱しているインテリアセラピーメソッドについてお話ししたいと思います。

インテリアセラピーメソッドとは「自分の居場所のインテリアを整えることで、心を癒やし、運気を上げる」といった女性をターゲットとしたパーソナルなメソッドです。

「大好きなモノに囲まれて暮らす」といった幸せ感が心の余裕となり、メンタルが満たされ整うと、家族や周りの人にもやさしくなりパワフルに生きる原動力となります。つまりいい空間には、コミュニケーション能力を上げ人間関係を深くするといったプラス効果の力があります。それと反対にイライラする空間に身を置いていると、メンタルが弱りパワーダウンして、人間関係もギクシャクしてくる。そんな心と空間の関係を紐づけたインテリアセラピー論。これを意識し実践することで、人生の充実度が格段に上がったという人が続出しています。

さらに、長年の店舗空間デザイナーとしての経験値から、**「空間は目には見えない人の心を動かす力がある」といったインテリアセラピーメソッドを、店舗やオフィスの空間作りに応用することで、モチベーションアップや購買意欲アップなど、人の心理を操り、集客や収益アップに繋げることが可能である**と確信してきました。

いい空間は、人の心に効き、人の心を育てます。つまりいい空間に訪れた女性客は、心満たされ充実した時間を過ごすことで、アドレナリンが上がり、なんでもない日常が色鮮やかに輝きだすという体験を得ます。

いい空間に身を置くことで、美味しいものはさらに美味しく感じられるし、会話もポジティブで愛情に溢れた言葉が生まれてくる。結果、その女性客はリピーターとなり、知人を紹介したり、友人を連れて来店するといった次の行動に繋がります。

当然のことながら店舗の収益がアップすると今度は経営者の意識と生活レベルが上がり、これまで見えていなかった輝かしい人生へとどんどんステージアップしていく、そんなたくさんのエビデンスを見てきた四半世紀でした。ひいては相手の人生についてまでも結果に大きくコミットしている自分がいました。

女性を集客したいふたつ目の理由として、女性はその「空間のファン」になると必ずリピートし続けてくれる人が多いということです。安売りやキャンペーンには懐疑的であっても、ひとたび「ここは私の居場所だ！」と思うと、どんどん口コミを広げてくれるといった、嬉しい効果がついてきます。

その代わりに、思いもよらない細かな点にシビアな面もあるのが女性の特徴ですから、空間演出には細心の注意を払う必要があります。

女性人気が落ちない店というのは、厳しい目を持つ女性が高得点をつける、心地いい空間演出がパーフェクトにできているといった証拠だといえます。

繁盛店の3つの評価軸
【商品】×【サービス】×【空間演出】

多くの店舗空間をプロデュースしてきた中でつかんだこと、**繁盛店の条件を挙げるとしたら、【商品力】と【サービス力】、そして【空間演出力】。**この3つが挙げられます。そして、その店の強みによってその三角形の尖り具合は変わってきます。

例えば、【商品力】のみ尖ったケースとして、製麺所とかコアなファンが通う「うどん屋さん」のケース、「とにかくうどんが美味いなら、空間がイマイチな納屋や屋外でも我慢する、余計なサービスもいらない」という店。

また、【サービス力】のみ尖ったケースとしては、空間も古くたいした料理も出てこないけれど、行きつけのスナックのママさんの人柄がいいので通い続けているという男性客。

これらは極端で特殊なケースですが、評価のイメージは食べログなどの口コミ評価の点数制に似ている、そう思っていただけたらわかりやすいかと思います。当然、商品も美味しいしサービスも悪くない、店内もおしゃれ、と3つの平均が高いと評価が上がると理解していると思いますが、「空間ブランディング」に関していうと少し違います。その理由を説明します。

ビジネスにおいて、オリジナル商品を持ち、その強みを活かすことは当然のことですが、その商品1本だけでは人気店になるのはなかなか難しい。

企業努力で新商品を開発しようとしても、どこかで流行ったものはすでに誰かが真似していて、サイクルも早くすぐにまた別のブームが来る。また、サービスにおいても〝世界一のスマイル〟がいつでもどこでも提供できるわけではなく所詮人の気分次第。ノベルティキャンペーンなど様々な独自サービスを企画しても、状況や環境次第で揺らぎ、永遠に同じネタというわけにはいきません。

では、「圧倒的にライバル他店と差別化して戦わずしてずっと勝ち続ける」。それが可能な方法を知りたくないでしょうか？

他店との差別化戦略の鍵を握っているのが、圧倒的に【空間演出力】です。商品とサービスが並み以上のレベルなのに、売上が伸び悩んでいるという店の多くは、空間演出に問題があるといっても過言ではありません。

しかしながら、設計事務所、工務店や店舗施工会社など店づくりに関わっている業者のうち、この空間演出が得意でない、むしろ苦手であると自覚している会社はかなりあると思っています。なぜなら、彼らは、設計のプロ、施工のプロであり、空間演出については専門外だからです。

そして、一度改革されブランディングされた空間は、営業スタッフとは違い、賃上げやシフトの文句も言わず、明日も明後日もずっと変わらずお客様を最高のホスピタリティでもてなし続けるのです。なんと効率のいい投資でしょうか。

そして、この「商品×サービス×空間演出」という公式が、足し算ではなく、掛け算になっていることにも注目してください。**商品とサービスが平均点以上だったとしても、空間演出が0点だったら、「4点×4点×0点=0点」で全て0点になってしまいます。**例えば、カフェで、商品はどこにでもあるパンとコーヒーなので3点×サービスもロボットが配膳しているので3点、でも空間が圧倒的に素晴らしく5点となると、「3点×3点×5点」。先ほどの0点の店とは、圧倒的点差での圧勝ですよね。

この公式は女性特有の感覚であり、男性は「安くて美味ければ、多少汚い店でも目をつぶって大目に見れる」という人もいますし、「ウチは味で勝負だから、空間にはこだわらない」と言う男性経営者も少なくはありません。

「インテリアのセンスは自信がないから」といった、単に苦手意識から見て見ぬふりで目をつぶってきたとしても、果たしてその自分目線な集客論法で、理想とする人生を歩めているでしょうか？

特に個人経営の場合、オーナーは店の全てにおいて責任者であるというポジションだと見られています。つまり、商品サービスは当然のこと、空間に関しても大手のFCチェーン店のように、人まかせではいられないということです。男性専門な店舗でない限り、女性にとっては、より素敵である方が自分がウェルカムされているととらえ、逆のケースでは女性軽視の店としてレッテルを貼られかねません。

つまり、**ライバル店と差別化された、戦わずして勝ち続ける人気店であり続けるためには、「空間演出」が必須**といえます。

足し算マーケティングでの集客は落とし穴になる

悪気なく、単に来客数を増やしたいという勘違いからできている店の例を挙げます。「誰でもどうぞ」と万人受けを狙った店、つまり誰にでも愛想のいい店です。たくさんの人に好かれて来てもらえるのはいいことだと思っているはずですが、ファミリー層も独身層も、子どもからお年寄りまでも全てカバーしようとするあまり、あらゆるターゲット層の足し算をしてしまっているというケースがあります。

保育園のように派手なキッズルームとお子様ランチ、授乳室やオムツ台、バリアフリースロープに手すり、モバイルオーダーとメニューサンプル、あらゆる種類の電子決済、テイクアウトとお弁当配達……。お客様が望むことは全部やりますというサービス精神は素晴らしいのですが、大手のコンビニやファミレスの如く利便性ばかりが強調されてしまいます。「どうせ個性もとりえもない店ですからその代わりになんでも頑張らせてもらいますよ」と自己紹介しているようなものです。

大手はあらゆるサービスを掛け合わせて根こそぎターゲットにする戦略を取りますが、個人経営でその路線を狙っても、大手には太刀打ちできません。それどころか、女性にモテたくて全員に告白して回る浮気癖のある男性の如く、全女性に嫌われるという結果が見えています。

「あなたのことだけをひいきにします!」といった、たったひとりのために、ホスピタリティを表す姿勢が大事です。誰を喜ばせたいかが見えていない店は、低単価消費の顧客しか呼べないという現実があります。

女性が高額なお金を払ってでも気持ちよく過ごしたいと思う空間とは、自分を特別扱いしてもらえる空間です。そして店の差別化された個性にハマる人のみが集まってくるブランディングされた空間に必要なのは、ターゲットの足し算ではなく、引き算。つまりは、細かく設定したペルソナ(※)が肝となります。

ペルソナに合わせたペルソナが好きなものを揃えているペルソナが喜ぶ空間を作り上げることに集中して空間を作っていきます。

※ペルソナ……商品やサービスを利用するターゲットとなる、たったひとりの顧客モデルのことを

指すマーケティング用語。年齢や職業、居住地や趣味に至るまで具体的に設定した人物像のこと。

また、この**ペルソナに合わせた空間づくりができていると、自動集客ともいえる状態になり、相手の方から自然と集まってくる**ようになります。そして手間とお金がかかっていた**広告発信やポータルサイト管理、SNSの更新もいらなくなる**という嬉しい効果がついてきます。少し前まではインスタグラムでの集客が効果的と、フォロワー数の確保のためにSNS運用の専門業者に代行を外注する人もいるでしょう。

ところが空間ブランディングができている店には、設定したペルソナに近しい顧客が訪れ、その顧客がコアファンとなり自らSNS発信をしてくれるようになります。

今時の若い女性は、有料広告や代行業者のヤラセ投稿に騙されず、カリスマインフルエンサーの投稿が何よりの情報源であり、絶大な信用があります。

「いつも素敵なあの人が気に入っているお店なんだから、私も行ってみなくちゃ」と新規顧客の来店行動に繋げることができます。

空間はホスピタリティ！ 居心地よさの価値は無限大

「私だけの秘密にしておきたいお気に入りの店」「教えたくないけれど、教えたい」こんな声が聞こえてくる店は、ブランディングがうまくいっているといえます。コアなファン層を喜ばせる方法として、ノベルティや価格面ばかりに気を取られるのではなく、**「空間の質で相手の心を満足させること」。それは顧客へのホスピタリティの現れ**だと私は思っています。

広く浅く薄利多売戦略を取るコンビニ・ファミレススタイルのように、顧客を数として見るのではなく、本当にお店を気に入っているコアファンをとことん大切にすることで、お客様と店のスタッフの関係性も俄然よくなってきます。例えば、前回に話した会話やオーダーを覚えていてくれて、「続きはどうなりました？」と聞いてくれたり、サービスのお茶も私好みを理解し、アレンジしてくれたりする。これは嬉しいですよね。コンビニやファミレスでこれをやられると、ある意味ストーカーです。

大事なのは、「私の好きを理解してくれる、私だけを特別扱いしてくれる店」。個々のお客様がそう感じてこそ厚い信用をもらい、高単価をリピートしてくれる上客となってくれます。そして、お互いに高め合えるような情報交換をしたり、さらに深い人間関係の付き合い方ができるようになっていったりするのです。つまり、どれだけ顧客の信用を得てコアファンに支えられているかで、オーナー自身の人生が豊かになり、結果数字もついてくるということ。本当に向き合うべきことは、集客のための広報や営業施策ではなく、顧客をどこまで思いやり、ホスピタリティが届けられているか。それが顕著に現れてくるのが「空間」であり、空間を見れば、オーナーが今どのポジションで顧客をどう大切に思っているかが全てわかります。

ある飲食店のオーナーは、お客様と一緒に食事に行ったり共通の趣味や旅行を楽しんだりと、充実した人生を楽しんでいるかのように見えます。もしお客様をまるで仕掛けた罠で獲物をゲットするハンターのような目で見ているとしたら、相手もそれを感じて、「この店は私の居場所ではない」と離れていってしまうでしょう。思い当たることがないでしょうか？　女性は感情に共感してもらいたい生き物で、無理やり売られたくない生き物なのです。

これまでたくさんの空間演出を手掛けてきて、クライアントたちの人生の質がどんどんステップアップしていくのを見てきました。「最初の資金はこれだけしかないんです……」と申し訳なさそうに私のところに駆け込んできた方も、空間をひとつゲットするごとにクラスアップしていくのです。空間に投資をするということが、人生を好転させ成功させる最大の近道であると確信したクライアントもたくさんいると思います。それをなるべくスピードアップで実現できる施策を挙げるとしたら、おもいっきり尖ったコンセプトとオンリーワンな空間に仕上げることです。

まずは顧客の感情に訴えかけてきて、圧倒的に魅了され記憶に残って離れない店としてノミネートされることがポイントです。ほかにライバルがいない、つまりオンリーワンはナンバーワンへの近道といえます。

新しい空間を手に入れるたびに、人生も同時にバージョンアップする。箱を変えるたびに来る顧客層が変わり、店のランクが上がり、結果として数字がついてくる。その利益をさらに2号店や別の事業の空間に投資することで、だんだんとビジネスを拡大していく、言わばやどかり商法。これが空間ブランディングの成果といえます。

集客数よりも客単価とリピート率が重要

男性オーナーの店におけるビジネス戦略のひとつとして、ポータルサイトの値引きを中心としたクーポン広告が挙げられますが、私はそれが効果的とは思っていません。とにかく新規の客寄せだけを狙っての施策は、大手のチェーン店などが行う戦略であり、そもそもやっと獲得した新規顧客がリピートに繋がらなければ逆効果だと思っています。スタッフも気を遣う新規の客への対応がストレスで、常連客の対応に余裕がないとしたら、本末転倒といえます。

言わば大きな投網を広げて大漁を狙うようなやり方、たとえどんな種類の魚がかかっても、そこには興味を示さずにただ数で勝負するといった戦略です。

先に述べたように、上質な女性は特に値引きクーポンに群がるその他大勢と同じ扱いをされることを嫌います。**「自分が特別扱いされていない」と感じた女性は、リピーターとならずにそこを離れていってしまうでしょう。**店側は単に安くサービスを提供しただけで終わり、それを繰り返す。そこに宝物ともいえるハイエンドな顧客が混じっていたとしても気づかないという現実、また初回限りで来店してくる人ほど金銭トラブルや、クレーマーに発展するケースが多いようです。

言葉は悪いですが、初回荒らしのような客が来店しにくい雰囲気を空間で作ることも可能です。**つまり、来てほしくない客層をはじくためにも空間ブランディングの施策が効果的である**のです。高単価を払ってもわざわざ通いたいと思う店は、自分が特別扱いされる場所。〝特別扱い〟が自分ひとりでなくても、その空間に魅了され自分が大切に扱われているといった感動があれば、女性は喜んでそこに通い続けます。

ある意味ホストクラブに似ているかもしれません。コアファンという客単価を上げられる顧客層に集中し、彼女たちが喜んでくれる空間づくりに投資し、その顧客層の心をつかむことに専念した方がよっぽど有意義だといえます。スタッフの労力という点でも、本当に喜んでくれるクライアントに絞った丁寧な接客をする方が効率がよいでしょう。

つまり、上質なサービスの一環として、気を遣ったいい空間を提供しているところは、何十年にもわたって愛される繁盛店になっているのです。

空間が人を呼び込む、集客ではなく〝迎客〟という考え方

先ほど、漁業にたとえて集客のお話をしましたが、もう一度、その話を思い出してください。投網にかかった高級魚が上質な顧客だとすると、特別扱いされなかったその顧客は「ここは私のいる場所じゃない」と、二度とこの網にかからないよう学習し、ほかの店に流れていきます。ここでいう特別扱いとは、スタッフのサービス態度のことだけではなく、空間に歓迎されなかったという感覚です。

飛行機に乗って出張をしてまで会いに行った相手の指定してきた打ち合わせ場所が、ファミレスだった、というエピソード。

有能な弁護士事務所を求めて会いに行ったら、大衆食堂のようなテーブルに通され急いで断って帰ってきた女性。

広告に釣られリゾートスパだとイメージして行ってみたら健康ランドだったという残念な話。

そう、女性たちは期待はずれな空間と歓迎されていないホスピタリティ、そこにとても敏感で「私のことをきっと馬鹿にしている、舐められている、失礼すぎる、もう二度と行きたくないわ」とどこかで話してしまうかもしれません。

実際のサービスや会話やその機能を確認する以前に、最初の第一印象のビジュアルだけで、即ノーを言い渡してしまう、それが女性の特徴です。

反対に、**ホスピタリティ溢れる空間で相手の心をつかみ、素敵なインテリアで顧客を迎え入れることを、私は〝迎客(げいきゃく)〟と呼んでいます**。いい空間を用意するということだけで、あらゆる集客のための手法は必要なくなり、しかも**クレームの発生率も下がります**。

心地いい空間に身を置いているとき、人は副交感神経が優位になり、怒る気がなくなって癒やされモードのスイッチが入ります。ラグジュアリーホテルのラウンジで怒鳴り合いの喧嘩が起こらないのも、ある意味空間の力であるということが一理あるかもしれません。

ホスピタリティとしての空間にお金を投資するということは、決して高級なものを揃えるということではなく、メンタルに効く、心地よく整った空間を作ること。まずその空間の空気感に感動して感情をつかまれること。そういった女性の「わあ、素敵！」が経済を動かすといっても過言ではないと思っています。顧客を投網を投げるように集める集客方法ではなく、**いい空間に大切に迎え入れておもてなしをする、それが空間ブランディング**という考え方です。

ペルソナを喜ばすためにまず必要なことは、ペルソナの好きなコンセプトに合った家具や雑貨を、心地よく配置された空間でお迎えする、ある意味それだけのこと。例えば、まだ使えるからと家で余っていたモノなどを、「とりあえずノーコンセプト」で置かれた空間は、全く効果的に働いていないどころか、イライラと不機嫌さを生むといった、人の心理に最悪な状況を課しているのかもしれません。そんな空間から生み出される成果は、言わなくとも想像できます。空間には、エンパワーメントな空間と、ディスエンパワーメントな空間があるのです。

意外とここが完璧にできている店が少ないのは、空間が人の心に与える強い影響力のことを軽んじている証拠。工事に高い金額を投じたとしても、お客様の心に効果的に効いていない空間、結果に繋がらない空間だとしたら本当に残念でもったいないことだと思っています。

集客に受け身であるはずの店側が来る客を選ぶ方法

「毎日店を開けては、ひたすら顧客に来てもらうのを願いながら待っている」。これはお店側が受け身になっている状態です。「来る客は自分から選べない」と思っていませんか？　実はそれは思い込みであり、**店側が客層を選ぶことができる方法があります。**

前に述べた繁盛店の３つの条件でいうと、〝商品〟と〝サービス〟でもある程度の差別化で客層を絞ることはできますが、断然大きく力を発揮するのは〝空間演出の力〟です。

例えば、「あれ？　私もしかしたら場違いかしら？」と空間と自分の服装に違和感を覚えた経験は誰にでもあると思います。ほかにも、友人の結婚式に招かれて座った円卓のメンバーの中に普段自分が付き合うようなタイプの人がいないと、アウェイな空気感に居心地が悪くなったりしたことはありませんか？

同じような感覚で、**店のコンセプトが自分とは合わないと思った人は自然と来なくなります**。空間が、来てほしくない人にはそこの空気感が場違いだと感じさせ、はじいてくれるのです。店側が空間を操ることで、来てほしい客を自由に選び、反対に来て欲しくない人をはじくことが可能だとしたら、すごくないですか？

このようにクライアントの心理や行動さえも自由に操ることができるのです。そのためにはまず空間のコンセプトをしっかり尖らせて、他社との差別化としての個性を出すことが重要になってきます。その方法はまたのちほど、ご説明しましょう。

この**お店の空間が本気で大好きで喜んでくれる人を、最大限のホスピタリティで大切におもてなしをすること、それが空間ブランディング**です。空間にこの仕事をさせることで、自然とあなたが求めていた客層しか来なくなります。

これまでのマーケティング方法では、店側から客層を選ぶことは難しいと思っていたかもしれません。来てほしいコアファンな人だけを集めることができる、これが空間ブランディングの強みのひとつです。

モノを売らずに利用価値を売る

みなさん想像してみてください。一生に一度のプロポーズをしようと考えているとしたら、その場所として、ラーメン店と一流ホテルのラウンジ、どちらの勝率が高いでしょうか？　特別なことがない限り、当然後者の一流ホテルラウンジを選ぶことでしょう。理由は雰囲気づくりに適しているということですね。

単純に「ラーメンが食べたいから」と来店する場合と、「あの空間でプロポーズしたい」というような、その**店の空間の持つ空気感を利用するための来店があるということに目を向けて**ください。

例えば、コーヒーとパンを売る場所をカフェと呼びますが〝最高の時間と空気感〟を売るのもカフェという業態の働きであるといえます。素敵なバーでつい長居して話し込んでしまったり、素敵なヘアサロンではつい美容師さんに本音を語ってしまったという経験はないでしょうか？　いつのまにか心を開いてしまっている、これも空間

CHAPTER 1
CHAPTER 2
CHAPTER 3
CHAPTER 4
CHAPTER 5

の力によるものです。

それを誰とするか、そこには誰しも大きなコミットがあるはずです。結婚相手や、起業するときのパートナー、人生の大事なポイントに誰といたいかは本気で考えるかと思います。ところが、それを**どこでやるか**については意外と無頓着な人が多い。実は、物事がうまくいくかいかないか、どう転ぶかどう成果が出るか、全て大きく空間の力にかかっているのです。

目から入ってきたビジュアルをすぐに脳が感知し信号を送っているので、浮かんできたイメージ画像の背景とそこの空間がオーバーラップして一緒にいるという状況と認識してください。

例えば、お見合い、プレゼン、フロントセミナー、契約、全てその成功率に影響を与えています。契約が取れるか否かとなると俄然それに向いた上質空間を選ぼうと意図するのが人の心理ですが、それが人の借り物の空間だとしたら、自社物件ならさらに厚い信用が得られ、結果がついてくるのは当然のことです。

つまり、クライアントが**その空間自体に価値を見出しているといった店はリピート利用が止まりません**。心が震えるほどの感動を与えられた居心地いい空間にいると、女性客は特にそこにいる自分を俯瞰で見て「ここでお茶している私ってどう？　素敵でしょ」と普段はちょっと節約している自分だったとしても、**心に贅沢とばかり客単価が上がるというのが当然の効果**といえます。

カフェならばアフターランチにデザートセットもつけたくなり、サロンではついヘッドスパの追加サービスも頼みたくなるというもの。

ヘアサロンでは3時間以上も座るセット椅子、ここに座ったときに見える鏡の中の世界がどれだけ素敵かということが、いくら払ってよいかの客単価を決める大事な要素だと思っています。見えてはいけないもの、ゴミ箱やトイレ、バックヤードなどが鏡に映り込んでいるとしたら、それが原因で心理的にだんだん機嫌が悪くなっても当然のこと。素晴らしく素敵なものだけをこの世界観の中に閉じ込めた演出を意識しましょう。

カフェなどなら、どの席に座ったとしてもハズレ席がないように、全ての席に座ったときに見える景色を入念にチェックしましょう。

せっかく入念に気を遣い素敵な空間に仕上げたとしても、釣銭トレイやペン立てなど、ちょっとした細かい備品たちが、間に合わせの100円ショップで買ってきたものだったりしたら、厳しい目を持った女性客はそれを見逃してはくれません。それだけでいろいろなものが台無しになってしまうとしたら、視界に入るもの全てに細心の注意が必要です。

素敵なビジュアルの空間を体験したときには、目から脳にこんな風に信号を送っているのです。

「ちょっとここでゆっくり心を休めてもいいよ。この空間はあなたの味方だよ」

そのリラックス効果と一緒にいる至福の時間が、モノではなく利用価値としていくら払うかの対価であり、その空間の本当の価値であるといえます。

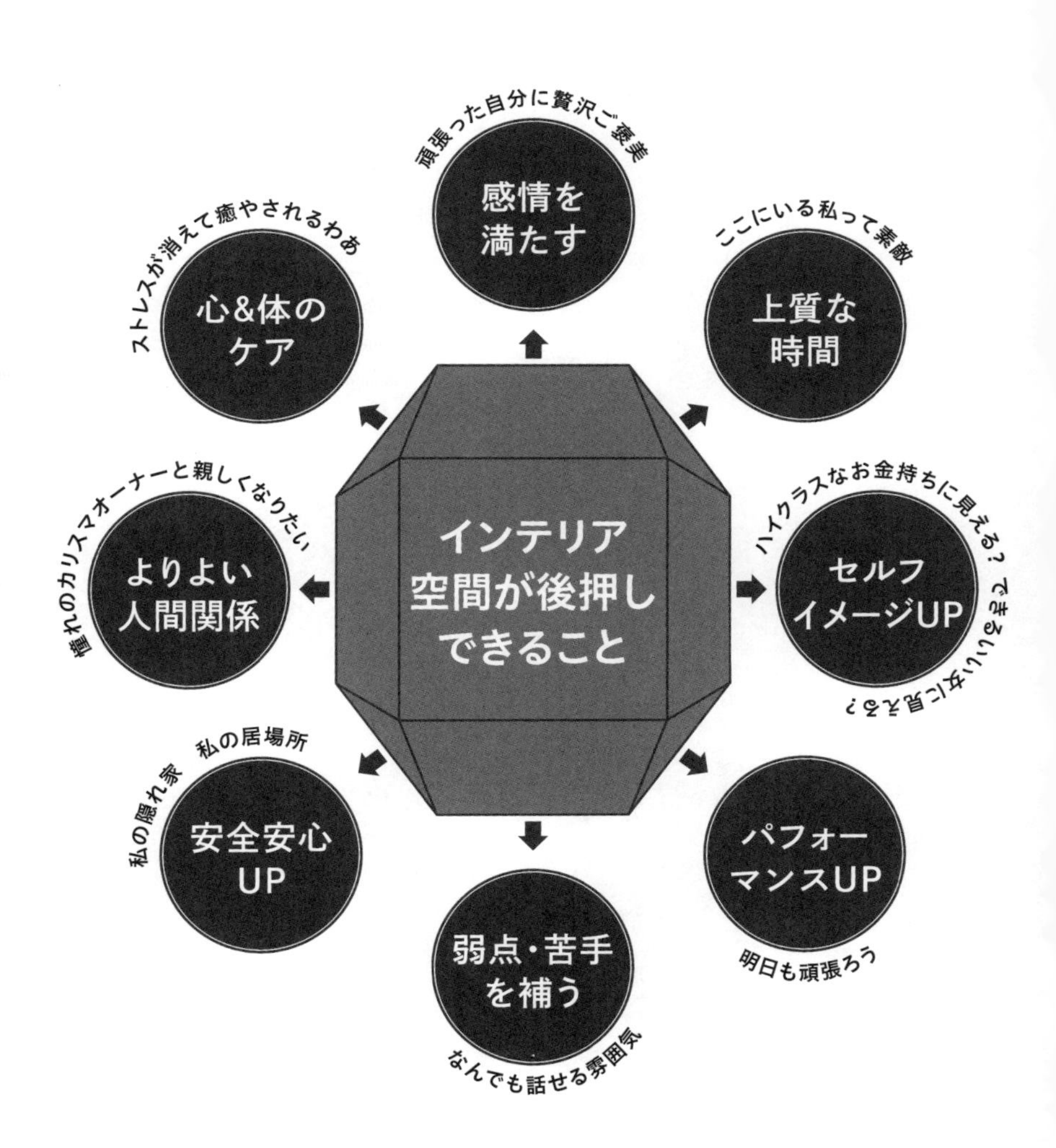
インテリア
空間が後押し
できること
頑張った自分に贅沢ご褒美
感情を
満たす
ここにいる私って素敵
上質な
時間
ハイクラスなお金持ちに見える？できるいい女に見える？
セルフ
イメージUP
パフォー
マンスUP
明日も頑張ろう
弱点・苦手
を補う
なんでも話せる雰囲気
私の隠れ家　私の居場所
安全安心
UP
憧れのカリスマオーナーと親しくなりたい
よりよい
人間関係
ストレスが消えて癒やされるわあ
心&体の
ケア

「サイレント接客」
黙っていてもお客様が自然と集まってくる

店の業績を上げるために、ビジネスコンサル会社に依頼する人も多いと思います。たいてい言われることは、「経費を削減して、営業を頑張って、広告を出して、もっと集客と収益をアップさせて」と。わかってはいますが、実行するのと、結果を出すのとは別問題、とてもたいへんです。

無駄を省き経費節減だけで経営状況がよくなるという考えは、ポジティブで前向きな施策だとは思えません。コンサルティング費用がかさみ、かえって経営を圧迫することもあるかもしれません。

ここで思い出してほしいのが、**空間ブランディングに投資する**ということです。コンサルさんは、この壁がつまらないせいだとか、机が安っぽいのが収益が伸びない原因だ、とは決して言ってくれません。なぜなら空間の良し悪しを判断できる専門家ではないからです。

空間の価値を上げるという発想と、**それが集客収益化の施策に繋がる**という考えを持っている人はあまりにも少なく、そのことに一刻も早く気がついてほしいと思っています。コンサルに頼んでも結果が出なかったのは、そこだったたと。

外から見てちょっと興味を持った店に入ってみたら、スタッフがすかさず寄ってきて、ずっとついて回って接客されて居心地が悪く、結局買わずに店を出てしまうことってありますよね。人は無理やり強引な営業に売られるという空気を敏感に感じて無意識にガードに入ります。それに負けて買わせると、その後のクレームに繋がるケースとなったり、コメントに「最悪！」と書かれることになりかねません。しかも、その嫌な体験から二度とその店をリピートしたくないとなることも想像すればわかります。

そこで、起爆剤となるのが空間演出です。**空間に演出させることで、スタッフがゴリ押しの営業や接客をせずに黙っていても、自然とモノが売れていく〝サイレント接客〟という接客方法。**不思議に思うかもしれませんが、ガンガン営業トークをしなくても、その空間とレイアウトと空気感が心理的に購買意欲を後押しするように雰囲気を作ってくれているので、お客様が自由に店内を見て回り、勝手に購入を決めてくれます。

逆に、「この店はすごく私好み、どうしても記念に何か買って帰りたいけれど何かないかしら?」そう思わせたらパーフェクトです。そういう店の口コミは、ポジティブな内容が書き込まれやすいし、さらに紹介で来店する新規顧客も増えるので、販促広告が不要になります。

サイレント接客には、従業員の離職率を下げるという利点もあります。

新人でもノルマを気にして積極的に営業しなくてよいため、スタッフの販売へのプレッシャーも軽減されて、働きやすい環境を作ることができます。むしろ新人スタッフにとっては、営業よりも相手を気遣う温かいホスピタリティをいちばんに評価してくれる、素敵な環境を与えてくれているオーナーをリスペクトできる仕事場であり、さらに素敵な空間が職場であることが、自分への自信と仕事へのモチベーションアップに繋がります。

定着したブランディングは崩れない

私のメソッドで一度作り込んだ空間は、かなりのロングスパンで生き続けています。それを意図して、ニュートレンドを追いかけすぎないようにしたり、スタイルをいくつかミックスさせたり、アンティークや古材を使用して新装だけどずっと昔からあったような雰囲気を意識しているので、少なくとも10年、またはそれ以上その人気を落とさず、変わらず価値が維持されています。

女性の感情を動かす空間演出としてブランディングがうまくいっている店ではそのブランドイメージは堅く、たとえ店が僻地に移転しても、多角経営で店舗を増やしたとしても、**必ずファンは裏切らずについてきてくれます**。初めから、山奥に開店させたいという人もいました。幹線道路の国道沿いに作るよりも、隠れ家的雰囲気で独特感のある個性をアピールする戦略で、2号店、3号店と店舗を増やしても、どの店舗も繁盛しています。

また、老舗であるお店がそろそろ古くなってきたので、改装のタイミングでジュニア世代に代替わりするというケースもあります。何を残して何を新しくするべきか悩むところですが、クライアントの好きなインテリアスタイルを尋ねるときに参考にするやり方があります。人は、20代とかの多感で楽しかった時期を過ごしたときに流行っていたインテリアスタイルの記憶が色濃く残っていて、その後もずっとそれを好きなテイストとして根底に残し、ずっと何年も好きでい続けるといったケースが多く見られます。流行ったインテリア遍歴を知っているので、大体の年齢がわかると基本としてその人が大事に思っているインテリアスタイルが当てられたりします。

そして、新店には元のＤＮＡを引き継ぐような空間演出を残し、新しいスタイルとリミックスしながら、「新しくて懐かしい」つまり若い世代のお客様には新鮮で、既存のお客様には懐かしい、そんな２つのスタイルが融合するリミックススタイルとして、両者に喜んでもらえる店を意識して仕掛けていきます。

流行のサイクルの早い洋服とは違って、今日作った空間演出は明日も明後日も10年後も簡単には古くならないように仕掛けているので、30年以上継続して繁盛店という店もあります。

できるなら**店のプランニングがスタートする前に目指すブランディングの方向性が決定していることがベストだと思っています。**その理由は、設計や工務店などと工事の打ち合わせがスタートする前に、ターゲットやコンセプトがしっかりと見えていた方が、デザインや演出を最大級に活かすようにプランや間取りを変更できる枠の自由度が上がるからです。図面が出来上がってから改めて考え始めるのでは尖ったデザインの表現ができかねて、さらに手遅れのケースもあります。レイアウトや壁や床の色や素材などが決定してしまってからでも、空間演出をプラスすることでそれなりに上げることは可能ですが、かなり制限された中で表現が狭められてしまいます。

つまり箱の外からではなく中から、インテリアとしての家具や小物といった**コンセプトを顕著に表現できるジャンルを先に決めていくこと**で働く空間を作ることができるということです。インテリアはインなので、私は空間を作ると同時に内面のメンタルセットにもコミットしていきます。完璧なプランディングを望まれるなら、立地選定からアドバイスするのが当然です。

長期的に愛される繁盛店を作りたいなら、店舗づくりのいちばん初めに、向かう方向を完璧なイメージビジュアル化する方法を検討してみてください。

空間が稼いでくれているというウソのようで本当の話

誰しも「楽して稼げるに越したことはない」と考えると思います。

例えば、オーナーがいないときに、スタッフだけでも充分に大切なお客様を任せられるサービスが提供できるお店ならどうでしょう？　オーナーはきっと心理的にも余裕ができ、新しい可能性にチャレンジしようとする。そんな心の空きスペースを作ることができるかもしれませんね。

ポジティブにライバル店に差をつけようというオーナーの思いから、割引キャンペーンなど企画をたくさん打つほどに、オーナーの気持ちとは裏腹にスタッフは「薄利多売なやり方で仕事の負担が増えた」などの理由から、大切に育てたつもりのスタッフがいつのまにか辞めていく。そんな悲しい悪循環をよく聞きます。

オーナー自身にとっては、好きで始めたことなのに、人材が安定しないことには太刀打ちできません。これは人生を見失いかけてしまうほどの大問題です。

ここで、それを解決できる方法を考えてみてください。空間に投資すると、「空間」が自動的に稼いでくれる、というウソのような本当の話をします。

いい空間がメンタルに及ぼすいい影響は、オーナーやクライアントに対してだけでなく、当然スタッフにも同じことがいえます。

例えば、この空間で働いているという自分への自負が自信となり、そこからお客様にいいサービスを提供しようというモチベーションアップに繋がるのは当然の心理です。3流ホテルのフロント係と、外資系五つ星ホテルのドアマンがもし同じ時給だったとしたら、どちらの方が仕事へのモチベーションが高いか考えてみてください。つまり、**スタッフはそのブランドを背中に背負って頑張っている**のです。

また、「この空間で本当に心地いい時間を過ごしてもらいたい」というオーナーの思いは、**ホスピタリティの一環としていい空間を提供しているといったリスペクトされる**姿勢に繋がり、スタッフ自身もいい空間で働かせてもらっている、という感覚がその空間に見合ったよいサービスを提供できる人になりたい、というモチベーションアップに繋がります。

「何でやらないの？　何でできないの？」と口うるさく言わなくてもできるスタッフ

が自然と育っていく、つまり店全体の空気感とサービスが自然とレベルアップしていくというこの好循環なスパイラル、これは、前に述べた【サイレント接客】、【サイレント営業】と同じ効果、つまり**空間を上げると、「空間が稼いでくれるようになる」**とは、そういうことです。

例えば、カフェやサロンでいうと、オーナーがひとりで切り盛りしているような座席数少なめの小さな店では、オーナーのキャラクターや人柄にお客様がついている、というケースが少なくありません。そういった店では、オーナーが急に倒れてしまった場合、店は閉めるしかないといった大打撃を受けてしまいます。

一方で、空間は裏切りません。オーナーが不在でも「あのソファ席で話したいから」と予約は入るし、極端にいうとパートさんでも配膳ロボでも、**同じサービスが提供されるなら何事もなかったかのように稼ぎ続けることができる**のです。

例えば、サロン起業の段階からコンサルで入ったケースでは、オーナーの産休子育て期間も稼ぎ続けたいという希望を聞き、意図して最初から素敵な個室を入れたプランを計画しました。素敵なインテリア空間なら、若手独立前のスタイリストやおうちサロンからステップアップしたいネイリストやアイリストたちがぜひそこを借してほしいとリクエストが絶えなくなり、レンタルサロンやシェアサロンといった場所貸しで空間に稼がすことも可能となります。

空間はイマイチ、オーナーのスキルと接客1本に頼る店では、自分の身をこにしてがむしゃらに働くことを繰り返す日々。やっと手にした自分のお店なのに、体力の限界が伸び代の限界といった、そんな状態を数十年も続けられるでしょうか？

オーナー自身が自ら意地になって頑張って働かなくてもいいお店、それが可能なら、投資の価値があると思いませんか？

「空間投資」でブランディング改革をして、自分がいなくても稼いでくれる店、そして新しいことにチャレンジし続ける人生に変えていきませんか？

いい空間には いいスタッフがつく

オーナーが不在でも空間が稼いでくれるといいましたが、誰しも同じお給料を支払うならなおさら、そこで働くスタッフは仕事ができる優良な人材であってほしいのは当然のことです。

ところが、外見力も素晴らしい、気の利いた、キャリアのあるスタッフを求人しようと思っても、オーナーのキャラクターだけでいい人材をゲットするにはなかなかハードルが高いといえます。他店から引き抜きスカウトをしてくるとしたら、さらに高待遇にしなければなりません。

社長の理念などは全く知らずとしても、**「とにかくこういう素敵なところで働いてみたい！」とスタッフが憧れる空間を持つ店舗なら、簡単に有能なスタッフを選びながら集めることができる**のです。

その店で働いているということがステイタスであり、キャリアブランドアップになりますから、当然離職率は下がります。

それどころか、スタッフが友人も誘って、一緒に働いてくれる人を率先して紹介してくれたりもします。さらに、その店の空気感とクラス感に合う人を選定してくれるはずなので、人間関係やコミュニケーションもよくなるという嬉しい効果もついてきます。

どこの店も人材不足で優秀なスタッフの争奪戦となっている今の時代こそ、**空間ブランディングに力を入れると、店のスタッフの質と同時にサービスの質もアップするというのは、嬉しい効果です。**

いい空間を作れば自然と人が育つ

日々何気なく過ごしているその空間は、あなたの心に大きく影響を与えています。そして、時に明日を生きていくための元気を生むツールであり、パワースポットとして未来の運気を上げる鍵を握っているともいえます。

それは、自分の居場所においては当然のこと、オフィスや仕事場、自分が働くお店にも同じことがいえます。そこが自分の空間ならなおさら、そこを改革することで、明らかに大きな成果を得ることがスピードアップするはずです。そこが自分の空間でないなら、メンタルにマイナスに働いているその現状が、自分がその場所を選んでそこにいることが原因かもしれない、ということを自覚してみてください。

例えば、何かを成し遂げようとしているとき、「それを誰とするか」が大きく影響してくると思いますが、私はそこにさらに大事な要素をつけ加えたいと思います。それは「どこで」するかということです。それが成功するか、それが相手の心に届くか、そこでゾーンに入るくらいのハイパフォーマンスができるか、全て「どんな空間でそれをやるか」といったその空間の持つ力にかかってきます。

「いい空間は人を育て、その人のパフォーマンスを上げる」。

私はそれをインテリアセラピーと呼び、広く人に伝えることをライフワークとしてきました。インテリアセラピーには次に挙げるような効果が期待できます。

◆**ストレスフリー**（デトックス効果）
◆**心穏やかにリラックスさせる**（ヒーリング効果）
◆**インスピレーションを研ぎ澄ます**（集中）
◆**明日へのモチベーションアップ**（やる気UP）
◆**人間関係がうまくいく**（調和）

これらのこと全てを空間から手に入れることは可能だといえます。それを知らないまま、イマイチな空間で一生を終えるとしたら、どうでしょう。

あなたを力づける空間と、力を奪う空間、この人生の質の差はかなりのものだと思います。それに早く気づいた人ほど、人生がすごいスピードで好転していきます。

例えば、家族が仲良くなれる空間、これを企業に応用すると、スタッフのモチベーションアップや、いいアイデアがどんどん出てくる空間となり、集客や売上に明らかな成果が出ます。引いては、優秀な人材を惹きつけ、また離職率も変わってくるはずです。

空間次第で、相手との距離を操ることもできます。親しくなりたいなら対面よりも、斜め横の方がよりフレンドリー、居酒屋のカウンターの角にふたり座るような感じです。L字型ソファで斜めに相手を見ながら座る、これも相手との距離感を保ちながら、リラックスして心を開いてくれるレイアウトといえます。その位置から素敵な空間全体が見えるとなお効果的です。

また、反対に相手を集中させる、クロージングに向いた席とはこうです。部屋の隅っこに接客する側の人が座り、斜め向かいにお客様が座り部屋の角を向いている。これが話をじっくり集中して聞いてもらえるレイアウトです。

ひとりでデスクワークに集中したいときは、前方とサイドが壁で閉じている空間、さらに窓の自然光が片側から入ると最高です。

このように**空間の力で、目的やシーンに応じて、意図的にメンタルに働きかけて行動を促すということが可能なのです**。

そして、大切なのは、単にかっこいいだけの空間ではそれが効いていないということです。心に効く空間であってこそ、人を創り、人を育てます。

パワフルでポジティブなメンタルセット、クリエイティブ能力、コミュニケーション能力、健康、癒やしなど、いい空間から手に入れることが可能なものは無限にあります。それは、お金や数字ではかり得ない大切なことであり、人生を生き抜くために本当に必要な宝物たち、それらを空間から得ることができるのです。

あなたを力づけ、あなたを助け、あなたの味方でいてくれる、本当に効果的な働きをする空間を手に入れることが、人生の成功者でいることへの近道だと思っています。

資金不足でつい「節約DIY」をする店はとても危険！

「とにかくまず稼いでから、後で店にお金をかけよう」そんな起業スタートの仕方をする方があまりにも多いのは事実であり、本当に残念なことです。

この本を読んでいるあなたはどうでしょうか？　とても堅実に見えるようですが、その考えは、後から取り返しのつかない人生に繋がる危険な要素でいっぱいです。厳しい言い方をすると、ものすごく重荷なハンデを背負ったマイナスからのスタート、スタートからすでに失敗しているといった状況を認めざるを得ません。なぜなら、本来ならば来てもらえたはずの、**クラス感のある上質なお客様との出会いのチャンスを自ら断ち、失ってしまっている**といえる状況だからです。

長年雑貨屋をやってきて気づいたことですが、工務店も、大工も、内装業者も、「空間ブランディングなんて店を作ることには全く関係がない」と思っています。むしろインテリアやディスプレイのことは、相談されても困るようです。工事や外観にしっかり予算を取ってくれるのが、いいお客さんだと認識している業種なので、仕方ありません。

予算がないということで、彼らに見捨てられ、仕方なく、自分でDIYでの店づくりを決心し、DIYのヒントを探しに雑貨屋に来たというお客様にたくさん出会いました。でも残念ながら、雑貨屋にあるものを後から入れ込んでみたところで、空間ブランディングには程遠く、単に素人さんがごちゃごちゃ勝手にモノを並べている店といった感じです。本来は**スタートから、ターゲットを決めコンセプトからブレないデザインとインテリアを意図してプランしなければなりません。**

しかし、それができるディレクションポジションの人がいない場合、無法地帯となります。「できてみないとさっぱりイメージがわかない……」と言いながらオーナーが指揮を取るので、業者たちはやりたい放題、自由にやってしまいます。

工務店、大工や内装屋など業者間同士での仕上がりイメージの連携が取れていないと、例えば、カーテンはエレガント、照明はインダストリアルといったテイストもバラバラで統一感のない空間になりがち。それはそこに誰も責任を取っていないからです。全てコンセプトがないことが原因です。仕上がりを見て慌てて「一からやり直したい」と、思っても、オープンは迫る中、資金不足。なんとか自分たちで壁紙を張ったりペンキを塗ったり、そして、なんか雑貨でもディスプレイすればマシに見えるかも……この段階で雑貨屋さんに相談に来ているわけです。

足りないのはコンセプト、そこは明らか。その足りないコンセプトをビジュアル化するのに、何を足したらいいのか、それはどこで手に入れたらいいのか、その知識がありません。

「ま、こんな感じでいいか」そんな妥協の繰り返しでできていく自分のお店。「他店と圧倒的に差別化されたコンセプト」もなく下手したら引き立て役のポジションになりかねません。「お客様を圧倒的に魅了し感動させられる空間」には程遠く、来てくれるのは「安ければそこはどうでもいい」といった価値観の顧客だとしたら、多少のコストダウンができたとしても、そのデビュー悲しくないですか?

大きなお金をかけなくても、もしかしたら**工事費用なしでインテリアやディスプレイだけでも空間の質をランクアップすることは可能です**。

どんな空間で過ごすかで、未来を変えることができるのです。それは、どんな空間を作ろうとしているかにかかっています。

高単価を売りたければ空間の価値を上げる

リニューアルオープンなどで、空間のイメージチェンジをする場合は、オーナーが**今いる空間のレベルよりも確実にワンランク上のインテリアを狙うこと**をおすすめしています。なぜなら、まずヒアリングした内容もある意味過去のものであり、将来にどこまでの成果が欲しいかといったイメージは未来に向けてのコミットだからです。5年後、10年後にコミットしたビジネスイメージに対応できる空間であるべき。

さらに、顧客自身も実際の自分のライフスタイルのレベルよりもワンランク上の非日常といえる空間に憧れを持っていて、**女性は特に日常を忘れてその非日常空間に身を置く幸せ感にこそ対価を払う価値があると考える**からです。

リニューアルするなら当然、今付き合っているお客様のワンランク上の空間にクラスアップするという意識を持って狙っていくべきです。

ひと昔前、バブル期の一流ホテルラウンジには、アルバイトで雇ったハイスペックな女性を座らせておいたなどという話を聞いたことがあります。

空間に素敵な女性と、女子力の高いメンズを投入すると、同クラスのお客様が面白いように集まってくる事例があります。

空間のイメージアップをしてくれる人をサクラで置くという代わりに、リアルにそんなお客さんが来ていたら、「私もちょっと背伸びしたおしゃれをして、その仲間に入りたい」というのが女性の心理です。

また、同様の役割をしてくれるモノとして、素敵なディスプレイグッズを飾ってみる、これにも同じ効果があると思っています。なぜなら、モノにもそれぞれキャラクターや性格があり、そのキャスティング具合によっては空間を上げることに効果的な強いパワーを持っていると考えるからです。

コンセプトに沿った、キャッチーに目を惹くものや、メインのスターのポジションを張れるグッズ、学級委員長のような評価の高いモノ、どんなキャスティングにするかで、空気感が変わっていく様子を楽しみながら体験してもらいたいです。セリフがなくても素晴らしく存在感を放つ名脇役、そんなイメージかもしれません。

空間とは、そこに人が入ってきて初めて完成するものだと思っています。ペルソナがその空間で過ごすことを想像しながら、最後の仕上げのディスプレイをすることで、実際にお客様が入ったときに近い景色が目の前に広がることを想像できます。

そして、**顧客のクラスアップを狙っての値上げのタイミングをいうなら、空間を見直しブランディングが確実に上がったと確信できたときが、まさしくそのタイミングです。**

さらにそれまでになかったランクの高単価商品を用意することで、ハイエンド顧客のニーズに応えることができる店としてイメージを定着させていきます。主流で売れるのはミドルランクであったとしても、女性はどのランクのお店に自分が属しているか、というイメージを大事にするので、低価格帯のものだけを取り扱っていると、かえってお客様の満足度は下がると考えてみてください。

行動経済学でいうところの〝松・竹・梅の法則〟です。千円、2千円、3千円の3種のうち真ん中の2千円がいちばん売れていたとして、リニューアル後は2千円、4千円、6千円の3種となっても真ん中を選びます。つまり客単価は2千円から4千円の倍に上がりました。

CHAPTER 2
CHAPTER 3
CHAPTER 4
CHAPTER 5

普段の日常はミドルランクでも、今日の私は自分にご褒美とばかりいちばん上ランクの梅をという女性が何割かいます。

空間がお客様の心理を後押しし、その気にさせて「今日はちょっと贅沢してみようかな」とこれまでにない体験へ導くので、高ランクの松も自然と売れていきます。

これは前にも述べた**空間が顧客の購買心理を操り握っている**というサイレント営業の効果でもあります。

第2章

空間診断テストでわかる「顧客の空間支持率」

この「空間診断テスト」であなたの空間に対する意識レベルがわかります。サロン編とカフェ編、それぞれの「空間ブランディング」の考え方に基づいてNG事項と実例とを使って詳しく解説しています。ぜひ効果的にチェックしてみましょう。

空間の力で
人生の質に差をつける

空間をランクアップさせることで、顧客の層がクラスアップします。

すると、高単価なものが売れる雰囲気ができ、リピート客や紹介が定着してくることで、着実に結果の数字も増えていきます。

空間ブランディングで狙った層の新規顧客も集客できるようになり、その顧客からの「いいね」に育てられ、さらにオーナーのレベルもひとつ上の顧客層と同じところにステージアップしていく。

そんなオーナーとお客様が同じステージで、互いに高め合える関係が構築されていくのです。

30年のキャリアの中で、このような空間から派生するプラススパイラルの上昇気流で上がっていくクライアントたちのエビデンスをたくさん見てきました。空間への投資は、単に売上をアップさせる目的だけではなく、オーナー自身の人生の質、ライフステージアップを叶えることが、私がこの仕事に感じている醍醐味です。

独立起業してスタートしてから早い段階でこの空間の力に気がついている人たちは、人生の質が加速度的に上がっていきます。そんなオーナーたちの姿をたくさん見てきました。

いい空間は、よい人間関係を育て、ライフステージを上げる、人生の質に違いを作ることができると思っています。

反対に、低価格、低サービスで、薄利多売のスパイラルから抜け出したいと、商品やサービスのみランクアップして値上げをしても、女性は空間とのギャップに違和感があると感じて離れていってしまいます。

一方では、「お金持ちになる！」と必死に集客を戦略的に狙っていくやり方、また一方では、上質な空間に身を置いて、そこに自然に上質な顧客が集まってきて素敵なコミュニティができていく……そんな余裕あるスタンスの違いが人生の質の違いとして現れてきます。

不人気店を作ってきた
勘違い男性オーナーにありがちな
「やってはいけない7つのこと」

リアル空間において、

「これは効いていない」

「これは働かない」

といったディスエンパワーな
空間例を挙げてみたいと思います。

第5章で出てくる
「心に刺さる素敵空間のための7(セブン)ルール」
と対比して参考にしてみてください。

NG1　色が氾濫している店

NG2　情報&看板が攻撃してくる店

NG3　DIYが間に合っていない店

NG4　女性用化粧室がピンクの花柄の店

NG5　白い照明で部屋全体が均一に明るい店

NG6　極端にモノが少ない店

NG7　好きなモノを好きなだけ飾っている店

NG1

色が氾濫している店

アクセントカラーは効かないと意味がない！

とにかく店内に色数が多いのがこのパターンの店の特徴です。

配色については172ページで解説しますが、アクセントカラーというのは、隠し味をピリッと効かせるくらいのつもりでいちばん少なくてよい配分の、全体の5％が理想的です。NG1はもはやどれがアクセントカラーなのかがわからなくなっているケース。

サブキャラが目立ちすぎて、主役が誰かわからないだけでなく、何を伝えたいのか、何を売りたいかさえも伝わらない店になってしまいます。

NG2

情報＆看板が攻撃してくる店

脳内の情報処理に時間がかかる店は、リピートされない看板の色が赤、黄、青、緑など原色がぶつかり合って、うるさくて攻撃的であったり、文字数が多くて情報量が多すぎたりすると女性は拒絶してしまいます。目立つ看板の方が集客できると勘違いし、反対色や補色を使っているケースは特に最悪です。「下品に目立つ」と「心つかまれる」は、全く違っていて、前者のケースで一度女性にセンスが悪く、ホスピタリティがない店だとレッテルを貼られると、リピートがないだけでなく、レビューに最悪だと書かれてしまう可能性もあります。また、店内においても張り紙やポップなど情報量が多すぎるのもNG。女性は「なんか素敵！」と感情に共感して買う判断をする生き物で、一方的にスペックを説明されることを嫌います。極端な話、看板のない店が繁盛することもあります。むしろ「心地いい空間」の邪魔になるサインはいらないのです。

NG3

DIYが間に合っていない店

顧客に褒められようとしてどうする！

自分で頑張って作ったカウンターテーブルを自慢したいオーナーがいました。ところが、椅子とカウンターの高さが合っておらず、内部も不完全なのでＤＩＹなのはバレバレです。営業しながらいつかは完成させようと思っているようですが、なかなか進んでいるようには見えません。きっと、お客様に「これ自分で作ったんですよ、どう？」とＤＩＹ自慢が会話のネタになっているのでしょう。ローコストにできたお店であることを自ら暴露し、さらにそれをアピールしてくるという、ある意味面倒くさいオーナーのいる店。男性常連客はともかく、新規の女性顧客はリピーターにはなりたくないと思っています。

NG4

女性用化粧室がピンクの花柄の店

女性は花柄とピンクが好きという、思い込み！

年配男性オーナーが色決めをしたお店によくある例です。女性客はみんな花柄やピンクを好むと思っている男性がいますが大間違い。女子はピンク、男子は水色、これでは幼稚園のトイレのよう。私的分析では、できる女性が好きなのはブルー（クールモダン）で、できる男性に人気なのはレッド（グラマラスモダン）です。男性は母性の温かいイメージを求め、女性は甘いイメージを払拭したいのでしょう。カフェもサロンも、女性オーナーはメンズライクを好み、男性オーナーはラグジュアリー系を好むケースが多いのです。

今はランドセルの色もカラフルに個性化されていますが、小さい頃から色で女性らしく、男性らしくと強制されてきた反動があるのかもしれません。もはやインテリアスタイルもジェンダーレスで、メンズライクインテリア、エレガントフェミニン、それぞれ男女に当てはめるのは古いです。

NG5

白い照明で部屋全体が均一に明るい店

見えなくてもいいところまで
全部見える明かりは致命的！

心地いい癒やし空間においては、天井にシーリングの白い照明で全体を照らすのは、いちばんやってはいけないことです。作業効率重視の作業場でない限り、どこにも影が出ないということは、極端に無防備な気分にさらされ、青白い昼白色の照明はくつろぎやリラックスとは反対の居心地悪い気分にさせられます。

光源の数は多ければ多いほどドラマティックで、光と影、見えない部分があるからその空間にそそられます。オレンジがかった温かみのある電球色は女性の肌を綺麗に見せてくれますし、深いコミュニケーションを望むシーンでは白色照明の色はありえません。人間関係がうまくいかない原因が照明の色、なんて想定外だと思いますが、空間心理からいうと基本の話です。

NG6

極端にモノが少ない店

スッキリしすぎて、逆に居心地が悪い

断捨離が流行り、極端にミニマリストな生き方が一世風靡しました。一見、プラス効果に働いていると思われがちですが、お店においては最悪だと思っています。

「清潔に掃除できるし片付いていてよいのでは？」と思うかもしれませんが、なんだか寒々しくて寂しくて癒やされません。感動がないだけでなく、ここで素敵な会話が生まれるとも思えません。店に来られたお客様は、コミュニケーションを求めています。モノが少ないと、オーナーのキャラクターも個性も感じることができません。当然、オーナーへの興味もリスペクトもわくわけがなく、空間から得られる感動もありません。

NG7

好きなモノを好きなだけ飾っている店

ルールのないディスプレイは不協和音

趣味の多いオーナーにありがちな失敗です。いくら自分の店だからといって、好きな場所に好きなモノを好きなだけ飾るのはＮＧ！ひとつひとつ見れば素敵な雑貨であっても、法則性もなくごちゃっと大量に並べたら、不協和音のような居心地の悪さを感じてしまいます。これでは店主のなんでもありで片付けが苦手な性格を暴露しているようなもの。せっかくのお気に入りグッズのディスプレイも逆効果です。

店のコンセプトに合ったモノだけを、フォーカルポイントな場所にルールに従って並べるようにしましょう。

現状空間の意識診断テスト

Questions and Answers

Salon & Cafe

現在すでにある、またはこれから作る予定のあなたのお店(サロンや飲食店、カフェなど)を思い浮かべて診断テストをしてみましょう。

全部で30問あります。〇か×かでお答えください。

設問 Questions

Q.1～Q.10
【間取りやインテリアがお客様目線になっているか】

Q.1 自分のお店の空間インテリアが大好きで、自分にとって、特に居心地のいいお気に入りスポットがある。

Q.2 空間インテリアよりも、商品や話術などサービスに自信がある。

Q.3 エントランスから入ってすぐ、一気に全体が丸見えになる。

Q.4 間に合わせで買ったファストブランドの家具や雑貨や前からあった椅子などを、気に入らないまま、ついとりあえずそのまま使っている。

Q.5 整理整頓や片付け、掃除がどちらかというと苦手。

Q.6 片付けや掃除がしやすいように、余計なものを置かずに、スッキリさせている。

Q.7 店内の空間がごちゃごちゃしていると感じて、イライラしたことがある。

Q.8 ポータルサイトなどに載せている店内全体写真やイメージ写真は、集客に効いている自信があり、とても気に入っている。

Q.9 ファサードデザインやサインが店内のコンセプトと同じイメージで、外からの目線に対して効果的にアピールされている。

Q.10 化粧室は非日常イメージのパウダールームのように個性的で、ライトアップされたミラーやアメニティ類を意識して充実させている。

Q.11～Q.22

【ビジュアルへのこだわり】店内演出とディスプレイ

Q.11 お店に自分の趣味のグッズを飾っている。

Q.12 店内にスタッフの私物が見えるなど、モノが増えてきて、生活感が見え隠れする箇所がある。

Q.13 お客様にいただいた飾りものは、とりあえずそのまま見えるところに飾っている。

Q.14 釣銭トレイや傘立てに至るまで、備品小物も色や素材にこだわりコンセプトに合ったものを意識して選んでいる。

Q.15 メニューやキャンペーン商品のポップなどは、なるべく手描きで自作している。

Q.16 見せることを意識した映えるディスプレイポイント（フォーカルポイント）が1カ所以上ある。

Q.17 店販商品を置いてあるコーナーがあり、演出されたディスプレイがされていて、効果的に売上を上げている。

Q.18 ベース照明以外に、間接照明やスポットライトなど、ディスプレイ演出用のライティングがある。

Q.19 空間のベースカラーとアクセントカラーを決めていて、それ以外の色を持ち込まないように意識している。

Q.20 店内のインテリアグリーンは多め。またはさりげなく季節の枝や花を活けるように心がけている。

Q.21 スタッフのファッションが、空間のカラーコーデとクライアントのクラス感に合っていないと思うときがある。

Q.22 招きたい顧客層に合わせて、センスのいい音楽と雑誌をセレクトしている。

ここからは、【サロン編】と【カフェ編】の
2つのコースに分かれます。

サロン編 Salon

Q.S-23～Q.S-30

【クラス感ある上質顧客への上級ホスピタリティ（五感を意識した心地よさ）】

Q.S-23 待合ブースは、自然光が入るビューがいい場所に設けている。

Q.S-24 「ゆったり」できるカウンセリング席、「集中」できるクロージング席など意図して使い分けられるスペースが何カ所かある。

Q.S-25 よく見える場所にキッズルームがある。またはキャラクターグッズやぬいぐるみが置かれている。

Q.S-26 施術を受ける椅子やベッドからの視線、ミラーに映る景色の中に見せたくないものが入っていないか、いつも注意を払っている。

Q.S-27 オフィスのような白いベース照明は使わず、いつもゲストの顔が綺麗に見えるように、ミラーのライティングにも気を使っている。

Q.S-28 タオルやシーツ、膝掛けなど消耗品の買い替えをつい先延ばしにしている。

Q.S-29 来客時、上着やバッグを預かるときに、お客様をさりげなく褒めるようにしている。

Q.S-30 お茶やお菓子のサービスがあり、こだわりのドリンクメニューもセレクトできて、食器やトレイにもペルソナを意識してこだわっている。

カフェ編 Cafe

Q.C-23〜Q.C-30

【クラス感ある上質顧客への上級ホスピタリティ（五感を意識した心地よさ）】

Q.C-23 ひとりで集中できる席、カップルが仲良くなれる席、グループが楽しく会話できる席など使い分けできるようにいろいろなコーナーを設けている。

Q.C-24 ある程度のパーソナルスペースが取れるように、プライベートスペースとして隣席との距離を保ち、会話が隣席に気を遣わず楽しめるスペースを意識してレイアウトしている。

Q.C-25 長時間のゲストにも座り心地を優先し、ソファ席を設けたり、硬めの椅子にはシートクッションを置いたりしている。

Q.C-26 見せる場所と見せない場所がしっかりエリア分けされていて、バックヤードや厨房などのごちゃごちゃ感が表から見えないように意識し、気を遣っている。

Q.C-27 コンセプトに合ったこだわりの食器をセレクトしている。

Q.C-28 キッズチェアやキッズプレート&カトラリーは、店内のトーンを壊さないような子どもっぽくないデザインのものを意識してセレクトしている。

Q.C-29 料理が美味しく見えるように、必ず全部の1テーブルごとの真上に1灯以上の照明を意識して配置している。

Q.C-30 昼と夜のライティングイメージを調光などで、意識して変えられるようにしている。

解説 Answers

空間ブランディング目線においての理想の模範回答ですので、参考にしてみてください。

A.1 ○

大型店と違い、オーナー自ら1日のほとんどをその空間で過ごす場合は、そこにいると自身のメンタルにいい影響があり、最高のハイパフォーマンスができる、そんな空間に身を置くことが大切です。お気に入りのモノに囲まれた最高に居心地いい空間であり、自分にとってのパワースポットといえる空間ならいいですね。

A.2 ×

商品や施術、サービスや会話に自信が持てるのはとてもいいことですが、そこだけでライバルと圧倒的に差別化するには限界があります。お客様へのホスピタリティといえる圧倒的世界観がある個性的な空間に自信があるサロンは、他店に真似できないサービス。スタッフも含め、モチベーションアップと大きな自信となり、ライバル店と差別化することが可能です。

A.3 ×

店内に足を踏み入れてすぐにそのまま全てが見えてしまっては、ワクワクする気持ちも癒やしの時間への期待も半減します。また、先にいる顧客にとっても、入店する人や待っている人、お会計をする人などが見えたら、プライベート感がない上に無防備な気分にさらされて落ち着きません。モノの対価ではなく、そこでの居心地の良さとその席にいた有意義で楽しい時間への対価としてお代をいただいているのです。完璧に見えない壁ではなく、そのパーテーション越しに何となく気配が見える、そんな空間の抜け感が大事になります。お客様の居心地よさの目線で、レイアウトや演出を再確認してみましょう。

A.4 ✕

「バレなければいいか」とファストブランドの家具や雑貨を置いていると、上質顧客にバレてしまったときが最悪です。「私のことを低ランクに見ている」と、店のクラスを測られてしまい、お客様が離れていくだけでなく、その噂を周りに広げているかもしれません。また、古くても深く思い入れがあるお気に入りのモノはあなたにプラスのパワーを送っていますが、反対に好きでもないモノやもらいものを置いていると、パフォーマンス力を下げイライラに繋がり、マイナスのパワーが働きます。イマイチ気に入っていないモノをお客様から見える場所に置いている。これはお客様のパワーも奪っているのと同じことだといえます。

A.5 ✕　A.6 ✕　A.7 ✕

ごちゃごちゃと片付いていないイメージの空間が、無意識のうちに視界に入ってきてゲストを不快な気分にさせている。これは当然のことですが、反対に、あまりにもスッキリとモノがなく寒々しく寂しいイメージの空間にも、人は居心地悪さを感じてしまいます。極端なこの2つのケースは、どちらもコンセプトと演出がなく、その結果、心に感動を呼ぶようなプラスの効果が働いていない空間といえます。

A.8 ○

ホームページやポータルサイトに載せる店内写真は、お店のプロフィールでもあり、新規顧客にとってはお見合い写真のようなものです。ここにイマイチな写真や商品写真しかない場合は、「よほど怪しい店内を隠しているのでは？」と、かなりマイナスイメージで評価されてしまいます。素敵に映る店内写真は、それだけで広告効果が大きいので、ここでクラスが高い顧客を得て、低い顧客をはじくためにも、いつもベストな店内写真を掲載できるよう準備しておきましょう。

A.9 ○

内装はとてもいいのに、ファサードまわりやサインが残念なお店があります。初対面の人の第一印象と同じで、外観は入るかどうかを決める大切な要素です。外に置くグリーン、置き看板、オープンクローズサイン、ポスト、ウェイティングベンチなど、全て外から見た印象と内装やコンセプトに合ったテイストになっているか注意しましょう。

A.10 ○

女性は特に化粧室の採点に厳しく、ここにこだわりの素敵な空間が用意されていると、とても気持ちが上がります。店内以上に非日常感な仕掛けを演出するには、スモールな空間なので手をつけやすい場所でもあります。特に飲食店の場合はスペースが許せば男女別がベスト。とびっきりの素敵なホテルのパウダールームのように、メイク直しができるようミラーには照明がセットされ、アメニティも素敵な演出で用意されていると、女性は心つかまれます。

A.11 ✕　A.12 ✕　A.13 ✕　A.14 ○

お客様と仲良くなる目的で、自分の趣味のものが飾ってあることはありがちです。これは自分目線を一方的に押しつけて褒めてほしいと要求しているようなもの。また、ある特定の常連客からいただいたお土産やお祝いなどを、いつ来店されてもいいように飾っているのが見える場所にずっと置いてあるのも問題です。空間に手厳しい女性客たちはもしかしたらドン引きしているかもしれません。とにかくペルソナが好きそうなものを置くのが正解。家具や雑貨、備品小物に至るまで、その空間に置いてある全てのモノたちが、お客様を迎えるにあたって、同じウェルカムなホスピタリティを発していることが大切です。

A.15 ✕

マジックやマーカーで手描きされたポップは、アットホームで親しみある店としてプラスイメージに思われがちですが、それも自分目線での自己流発信といえます。「目立てば買ってもらえる」との意図で、手描きのカラフルなポップをスタッフ任せで黙認しているといったケースはありがちですが、お客様からは、プロのデザイナーがついていない低ランクの店として、位置づけられているかもしれません。ポップ表示は【店のコンセプトを表現するための大切な演出ツール】です。効果的な空間演出の一環として、色やイメージをコンセプトに合致したデザインをセレクトしましょう。

A.16 ○　A.17 ○　A.18 ○

単に必要な什器だけしか置かれていない空間と、コンセプトに合った効果的ショーイングディスプレイが演出されている空間とでは、仕上がりのグレードが格段に違ってきます。スッキリして何もなさすぎ、もの寂しいのも問題ですが、スタイリングのルールを無視して、あちこちに好き勝手にモノを置くのは、効いているディスプレイとはいえません。ディスプレイ箇所を決め、そこに効果的に照明も当て、それ以外はスッキリ見せる、というメリハリがポイントです。第5章の内容を参考に、効果的なディスプレイコーナーを作ってみてください。

A.19　○

ベースカラー、アクセントカラーといった意識を持って、空間を見ている方は少ないと思います。色のルールのページを参考にしてみてください。空間の中には、思っているよりたくさんの色が増えてしまっているのが現状です。「とにかく不要な色を持ち込まない」という強い意識が何より大切。さらにそこに、お客様のファッションや持ち物が入ってきて、それが映える、という空間がベストです。

A.20　○

グリーンが多めな空間は、癒やしやリラックス効果において、特にポイントが高いことが実証されています。フェイクグリーンなら、より気軽にトライできます。お祝いでいただいたお花などは、カラフルな色花やピンクや黄色の胡蝶蘭が多く並びがちですが、これも空間と喧嘩が起きているといえます。指示できるケースならなるべく白か、外に出しても丈夫なグリーンがいいですね。

A.21　✕

スタッフのファッションが店に合っていないとすれば、店のコンセプトがちゃんとスタッフに伝わっていない証拠かもしれません。お店のスペースとそこで過ごす時間はお客様のものです。その意識をしっかり伝えて、スタッフの目線も同じ方向に進んでいけるようにしましょう。

A.22　○

音楽と雑誌は、ビジュアルと聴覚からお客様にリラックスしてもらうためのマストアイテムです。雑誌は狙いたい客層に合わせて置けるので、雑誌のテイストでお店のコンセプトがはかれます。月刊誌はテーマがコンセプトに合ったもののみを置き、そのほかは息の長いスタイルブックやライフスタイル本をおすすめします。また、音楽と雑誌は顧客のクラスをさりげなく提示できるというメリットもあります。時間に合わせて空間を盛り上げてくれる音楽は、いい会話を生むツールとしてさらに効果的です。

サロン編 Salon

A.S-23　○

ダイニングバーのような夜型サロンでない限り、カフェ同様に自然光があることでとても癒やされます。エステなどの施術ルームは落ち着いた暗い部屋の方がベストですが、せめて待合ルームやカウンセリングスペースだけでも、自然光を取り入れたスペースでリラックスした時間を提供したいですね。

A.S-24 ×

カフェ同様に、サロンの中にもいろいろなスペースやいろいろなコーナーがあるのが理想のサロンです。「よかったらお茶をいれるのでゆっくりしていってください」といったソファコーナーでの談話から親しみのある会話が生まれることもありますし、あえていろいろなコーナーに座ってもらい、いろいろな角度からリラックス空間を味わってもらうのはプラス効果といえます。また、カウンセリングやクロージングといった場合は、真剣に本音を引き出すために集中できるスペースを用意しましょう。取引業者、今からのお客様、帰り際のお客様がダブったりしてもストレスがないように、いろんなコーナーがあるのがいい空間だといえます。

A.S-25 ×

キッズやママにやさしい、ファミリー層に向けたよいイメージを作る意図が見えますが、ハイエンドな顧客層を狙うなら、二兎を追わずファミリー層はターゲットから外した方がより効果的といえます。なぜなら、女性は、普段の自分よりワンランクアップできる店を予約し、「非日常で極上の癒やし体験をする」ことがストレス発散であり、「頑張っている自分へのご褒美」と考えているからです。たまに子どもを預けてリフレッシュしようと来ているゲストにとって、他人の子どもに気を遣って自分の時間をわずらわされてしまっては、対価に対して「うんざり」と感じています。

A.S-26 ○

いつも施術する側の目線で見てしまっていることを意識してください。これが近くにあった方が取りやすい、といった自分目線でレイアウトや備品の置き場を決めがちかと思いますが、一度、お客様の座る位置や動線をご自身でたどってみてください。鏡の中に映る部屋、ベッドから起き上がる方向、カウンセリングの椅子、キャッシャー、その景色が相手が自分の店を印象付けている要素の全てです。そこには、パーフェクトに演出されたものだけを置きましょう。ゲストの目線の延長に、いかに「いい時間だった」といえるような演出ができるかにかかっています。特に長い時間ミラーの中の世界を見ている美容室は、そこに最上級なものを意識して映り込ますのがプロ技です。

A.S-27 ○

照明は演出上、とても大きな役割を果たしています。コンセプトに合った器具の形や装飾性だけではなく、その光の色も目的によって使い分けが必要です。お客様目線に立つと当然、癒やしの空間には白い照明は不向きといえます。ベースライトではなく、手元灯か、必要箇所のみ、ダウンやスポットを白に変えましょう。女性はそこの鏡に映った自分が特別に綺麗に見えるサロンを、お気に入りに選ぶという傾向があります。特にミラーのライティングにはこだわって、どこに影が落ちるかを入念にチェックして、お客様を美しく見せる努力をしましょう。181ページのRULE 4を参考にしてください。

A.S-28 ×

意外なことに触覚は脳からダイレクトに心地よさに直結して、心地いい肌触りを極上の幸せと感じる女性が多いです。肌触りがよくないタオルは、タイミングを延ばさずすぐに取り替えましょう。

A.S-29 ○

お客様が身につけているモノの価値を意識することは、トレーニングだと思って些細なことにも注意を払ってあげましょう。さりげなく褒められると、「自分はこのランクの空間にいることを認められている」「自分のセンスに共感してくれている」となり、ここは自分の居場所だと再認識してくれます。

A.S-30 ○

いいタイミングでお茶やプチスイーツが出されると、女性にとってはかなりポイントが高いです。メニュー内容と同時にグラスやトレイにも非日常感を演出できるようにこだわって提供しましょう。

カフェ編 Cafe

A.C-23 ○

来るたびにいろいろな違う場所を選んであちこちに座ってみたい、そんないろんなタイプのコーナーの素敵な空間があるお店は女性に好まれます。商談、ひとりワーク、女子会など、目的やシーンに応じて、その場所を使い分けられると、一緒に来る人を変えて適材適所にお客様が何度も来店してくれます。

A.C-24 ○

「客単価×席数」この数式だけ見ると、席数をたくさん取ることが数字に直結しているように思いがちです。隣席に会話が筒抜け、またはひとりでゆっくりしようと思ったのに隣がうるさい。こんな体験をすると、次にリピートしたくないとなり、大事なお客様の気持ちを逃してしまいます。上で述べたように適材適所なスペースが選べると同時に、各席にプライベート空間があると感じられることが大事。これは必ずしも広い空間で広く距離を取ったレイアウトとは限りません。間仕切りや椅子の向きで、ほかのブースの人と目が合わないようにレイアウトするのがポイントです。

A.C-25　○

回転数を上げたいから硬い椅子を置く、こんなカフェは実際にあるかと思います。駅前の好立地で一見様ばかりガンガン入ってくるケースは別として、これはホスピタリティがなくお客様目線がない店ということになります。男性は見た目のかっこいい椅子を選んで座りたがりますが、女性は座り心地や、居心地が最優先です。女性客は、ゆったりソファと間仕切りカーテンなどで個室感がある席を予約し、何時間も喋り続けますが、それがストレス解消だったりします。女性客を呼びたかったら、違いを作る箇所は明らかです。

A.C-26　○

オープンキッチンの場合なら、手前側とキッチンバック側の機能に何を入れるかがポイントです。前向きでカウンターの顧客と楽しく会話している間はいいですが、後ろ向き作業の時間が長いと、ジロジロいろんなところを見られていることを意識してください。後ろの食器棚もパーフェクトに美しくディスプレイされていないといけない箇所であることは当然です。また、暖簾やバッタリドアから見えてしまう景色も要注意で気を遣っていただきたい場所。ここが視界に入ってしまう席は外しましょう。

A.C-27 ○　A.C-28 ○

空間はそこに来る人を映えさせるため、食器は料理を映えさせるためにあります。学食や病院のようなプラスチックは興ざめですし、白のプレーンすぎるのも個性がなさすぎます。素材や形は個性あるこだわりのもの、色に関しては、そこに盛られた料理が映える、生成り、黒、焦茶、グレージュ、これが基本です。原色の食器は、キッズ用といえども、絶対NGです。基本はその料理の反対色を意識して選びます。コンセプトとペルソナを意識すれば、お店が差別化できて、世界観を表現できる格好のツールなので、ここがこだわりポイントですね。

A.C-29 ○　A.C-30 ○

飲食店において照明計画の良し悪しは、かなりの影響力があります。居心地のよさや滞在時間は当然、美味しそうに見せる照明、相手を綺麗に見せる照明、相手と仲良くなって会話が弾む照明など、全てライティング効果次第です。全体の照度を上げるためのベース照明、これはむしろ必要なく、欲しい箇所にその演出に合ったライティングという考えが大事です。学校や病院のように全部明るくする必要はなく、明るくないところ、影がある部分が演出にはとても重要なのです。調光がないと、昼は暗く感じ、夜は明るすぎると感じます。また、夜は外から人を呼び込むためにも、煌めきのあるペンダントなどを窓まわりに採用すると賑わい感が出ていいですね。181ページのRULE 4を参考にしてください。

第3章

女性市場を勝ち抜く戦略「女性視点マーケティング」

男性脳と女性脳の違いを理解し、男性オーナーの戦略と女性客が求めるものとのズレをつかむこと。女性の求めるものと消費行動のロジックさえわかれば、女性を喜ばせる空間や、効果的なサービスが見えてきます。

全消費の80%をコントロールしている女性を味方につけよう

第1章では、よい空間に上質な女性顧客が集まってくるという話をしました。

では、なぜまず女性顧客を得ることが重要なのかというと、**全世帯消費の80%を女性がコントロールしている**といわれているからです。例えば、ほとんどの家庭において、夫や子どもの洋服は女性である妻・母が買うことが多いですよね。家とか大きな買い物のときには特に妻の意見が大きく反映されている光景をよく見てきました。男性は資金繰りのときしか現れない場合もあります。

女性とは、なにか心がときめいたモノを選ぶこと、そしてそれを得た自分が素敵になることに喜びを見出す生き物なので、いくつになってもその欲求は本能的に持ち続けます。いかに〝そんな女性たちを敵にまわさず味方につけるか〟が人気店への鍵となります。

例えば、男性っぽいイメージのラーメン、焼肉、焼き鳥といったジャンルのお店も、モダンで小綺麗に仕上げた洗練された空間にすると、女性も安心して入れる店となり、集客率がぐんとアップします。

明らかに女性が主客となるサロンやカフェの場合は特に、コンセプトがしっかりした、女性を魅了する感動空間を作らなければなりません。席についた瞬間に女性が「わあ、素敵！」と思わずいってしまう、そんないつまでもよい記憶として残る、演出ができているでしょうか。

男性オーナーは、○円分のノベルティや、○％ＯＦＦなど数字で損得が換算できるキャンペーンが集客のポイントだと思っている方が多いようですが、これはまさに男性が好む左脳的施策だと思っています。

右脳で考える女性的思考はちょっと違っています。特にハイエンドな女性客は、**ノベルティも値引きも不要、欲しいのは感情に訴えかけてくる極上の心地よさ**で、数字では換算できません。

素敵な女性が集まるところには当然、同ランクの素敵な男性が寄ってきます。**空間次第で女性客の気持ちをつかむことができるということ、そこに早く気づいた方が人生お得だと思いませんか**。

男性は【ロジックとスペック】で、女性は【感性と共感】でモノを買う

販促において「消費行動の基準が男女で違っている」、ということを意識したことがあるでしょうか？　男性は数字で表わせる機能性や費用対効果などを重視し、商品の裏側にある特徴をしっかり理解してからモノを買います。つまり**男性はモノを選ぶ基準が【ロジックとスペック】**なのです。

反対に女性はとにかく雰囲気重視で、「わあ、素敵！」といった突発的な行動といえる右脳的感覚【感性と共感】でモノを選ぶのが特徴です。「これって、私のためにあるようなモノ。今日買っておかないと絶対後悔する一目惚れだわ」といってモノを買うのが女性です。よく考えたらあまり役に立たないとか、同じようなモノがあったとか、そんな失敗もあります。

でも、そこはあまり気にしません。女性は、細かなスペックが羅列された広告には全く興味を示さず、それよりもイメージビジュアルがいかに素敵か、どんな人がどん

な想いで作ったかなどの背景や、ほかでは手に入らない限定商品などを求めます。
男女で意見が分かれて喧嘩になるのは、求めているものが違うせいかもしれません。そして「なぜわからないんだ」と、お互い観点の違いが理解できず、批判してしまいがちです。

男性は【ロジックとスペック】、女性は【感情に共感】で買い物をする。これを理解し、これを逆手に取ってビジネス集客モデルを作れば、全てがうまくいきます。

陳列方法も男女で好みが分かれます。一目瞭然に選べて後ろに在庫数が管理しやすい〝コンビニ並べ〟を合理的だと男性は考え、女性はこれを「感動もなく気分が上がらない」といいます。季節のテーブルコーディネートを見て、女性はホームパーティを思い浮かべて、買いたくなります。ときめくモノを見つけた感動をご主人にシェアすると「滅多にパーティなんかしないのに無駄だ」といわれ、共感されないことを、「私を全否定する夫」と感じます。ご主人は普通に意見をいったまでなのですが……。よくある話です。

女性客を集客したかったら、ペルソナの女性客を魅了する世界観を作る、次にそれを共感させるストーリーも一緒に提案する、これがポイントです。

モノを買うときの男性脳と女性脳の違い

ビジネスにおいて、男女の脳の違いを理解しておくことは、とても重要です。

男性はもともと狩猟民族だった頃から、獲物を狩るハンターの本能を持っていました。

現在の強引な営業スタイルもそこから来ていると思っていて、獲物の捕獲数が権力の象徴なのかもしれません。

一方で女性はというと、男性が狩りから帰ってくるのを待っている間、井戸端会議から情報を得たり、共感し合ったり……そんな楽しいコミュニティを持つことを生き甲斐にしていました。

これをビジネスに落とし込むと、「生産性を上げること」を重視している男性は、勝ち負けにこだわり、成功体験としての武勇伝が大好き。

女性はというと、居場所（巣づくり）をよくすることに注力し、そのプロセスやストーリーを大事にしているため、「心地いい体験」にお金を使いたがります。

経営コンサルタントに提案された、販促キャンペーンにいくら費用を投じたとしても、女性心に届かず、成果が得られないのは、プロセスやストーリーがその広告からは感じられないからです。

「それ、かわいいですよね」と誰かに共感されると、それを自分が使ったときの幸せな気持ちとビジュアルが描けたときに、購買に繋がります。

広告よりも相手の世界観を感じて共感してあげるといったホスピタリティ、そしてそれを得ることによってどんな体験ができるのか、どんな時間が過ごせるのかといった心に効くベネフィットが何なのかを伝えることが大切なのです。

男性にとっては理解不能なことかもしれません。女性とは、〝イメージと感情〟や右脳の感性に訴えかけてくる、五感に効く空気感、そんな目に見えないプライスレスなものに価値を見出して生きている生き物なのです。

「エモーショナル戦略」女性の「かわいい！」が世界を動かす

私は、30余年もの長い間、インテリア雑貨屋のバイヤーをしてきましたし、店頭に立ってきました。そして女性の「かわいい！」という声をたくさん聞いてきました。とにかく、女性客は気になる全てのモノに「かわいい」と言い、アドレナリンを出しているのでしょう。買う、買わないとは関係なく、また隣の友人がどう評価するかも興味がなく、手に取るモノ全てを順番にそう言うのです。

仕掛ける側からすると、売れる予感のバロメーターであり、バイヤーへの最大の評価です。裏で、「よし！　やったー」と私は喜んでいました。

インテリアスタイリストの仕事では、情報を得るため、たくさんの雑貨屋さんを回っていました。それが仕事でもあり、趣味でもあり、「運命的！」と思えるモノに出合ったときには、飛び上がって最上級の「かわいい」を言いたくなります。職業柄、仕入れを担当したマーチャンダイザーのことを勝手に想像し、会ってもいないのに

「きっとカリスマ店長で素敵な方なんだ」と興味を持ちます。「私と同じセンスを持って、共感してくれる人」だと感じるからです。

私の四半世紀は、いろいろなトレンドを通り過ぎながら、女性客がどういうものを好むのか、空間の中でどんな反応をするのかを時代とともに見守り、リサーチしてきた人生でした。そんな中で、女性心理を逆手に取り、味方につける手法をメソッド化してきました。

時代は変わり、なんでもネットで買えるようになりましたが、やはりリアル店舗での出合いは格別です。

「KAWAII!」はそのままの発音で、世界的に通じます。本来のキュートという意味だけではなく、「素敵」「素晴らしい」といった感動の絶賛の意味と、ダサカワ、ブサカワなどといった微妙な表現も含め、興味を持ったこと全部を「かわいい」で表現でき、ほかに代わる言葉がない〝感情を表す言葉〟です。

そして、**女性の口コミがトレンドの文化を作り、経済を動かし、世界を動かすと思っています。どんな広告よりもリアルで信頼できる、これこそがエモーショナル戦略**です。

女性を喜ばせる3つの感情【幸せ感・特別感・非日常感】

「女性は感情でモノを買う」と説明しましたが、具体的にどんな感情を狙えばいいのかを種明かしします。

まずひとつ目は、〝幸せ感〟です。いい店や商品、サービスを発見できたという、日常の延長線上にあるようなちょっとした幸せ、ささやかな喜びです。

例えば、コンビニでの滞在時間は、できるだけ短時間でという人が多いでしょう。それは、店側も理解していてサッとモノが選びやすい陳列にしています。でも、ここには幸せ感はありません。

では、雑貨屋はどうでしょうか。イメージの盛り上げ役として売り物ではないものまで一緒にディスプレイして、意図して素敵に見えるように演出し、その世界観を届けようとします。その世界観を丸ごと受け取って初めて、「それを買って帰って、使ってみたい」となるわけです。

ふたつ目は〝特別感〟です。例えばチームの中の人間関係がギクシャクしていると、いい仕事ができないのと同じように、実はモノ同士も同じです。モノそれぞれが持つパワーや空気感が最大限に活かせるチームで、最高のパフォーマンスをしているとき、人はその世界観に圧倒され、特別な感動を体験するのです。自分だけのために用意された空間を、ひとりじめしたくなるような特別感として感情は動きます。

最後は〝非日常感〟です。これはコンセプトに関わります。例えば、テーマパークへ行ったときのワクワク感、これは非日常感です。普段とは全くかけ離れた世界が表現できるコンセプトを選び、追求します。

ヨーロッパならパリ、プロバンス、地中海……、アイランドリゾートならバリ、ハワイ、グアム……といった感じで、圧倒的に非日常であればあるほどいいのです。女性は特に、家でも作れるような家庭料理よりプロのシェフの非日常な料理を体験したいと思っていますし、非日常なコンセプトホテルで特別な体験がしたいのです。

まるで旅に来ているかのような、日常を忘れる別世界を体験したい、というところがポイントです。それを演出できていたら、女性客の心をつかんで離さない人気店になります。

CHAPTER 1
CHAPTER 2
CHAPTER 3
CHAPTER 4
CHAPTER 5

女性の「わ〜素敵！」を引き出す他店との差別化ポイント

他店と差別化するために、ほかの店にはない空気感をいかに作るか、なにを差別化ポイントとして尖らせていくか、これがとても重要になってきます。

ところが、自身の商品やサービスの強みはいえるのに、差別化ポイントについては、なんのことだかさっぱりわからないという人がほとんどです。

カフェやサロン、雑貨屋などを、これから始めたいという人のほとんどが、「自分の店は自分の好きなように作る、それが夢だったから」と思っているようです。

まず、**周りのライバル店をリサーチしてみて、他店にない差別化コンセプトをしっかり立てることが何よりも優先**です。

そして、それに合ったファザード（外観）や、店内のインテリアや家具や雑貨のイメージプランを固めてから、やっと設計にかかります。そこにいろんな差別化の仕掛けを入れていくことで、女性客に自然と「わ〜素敵！」といってもらえる、感動のあ

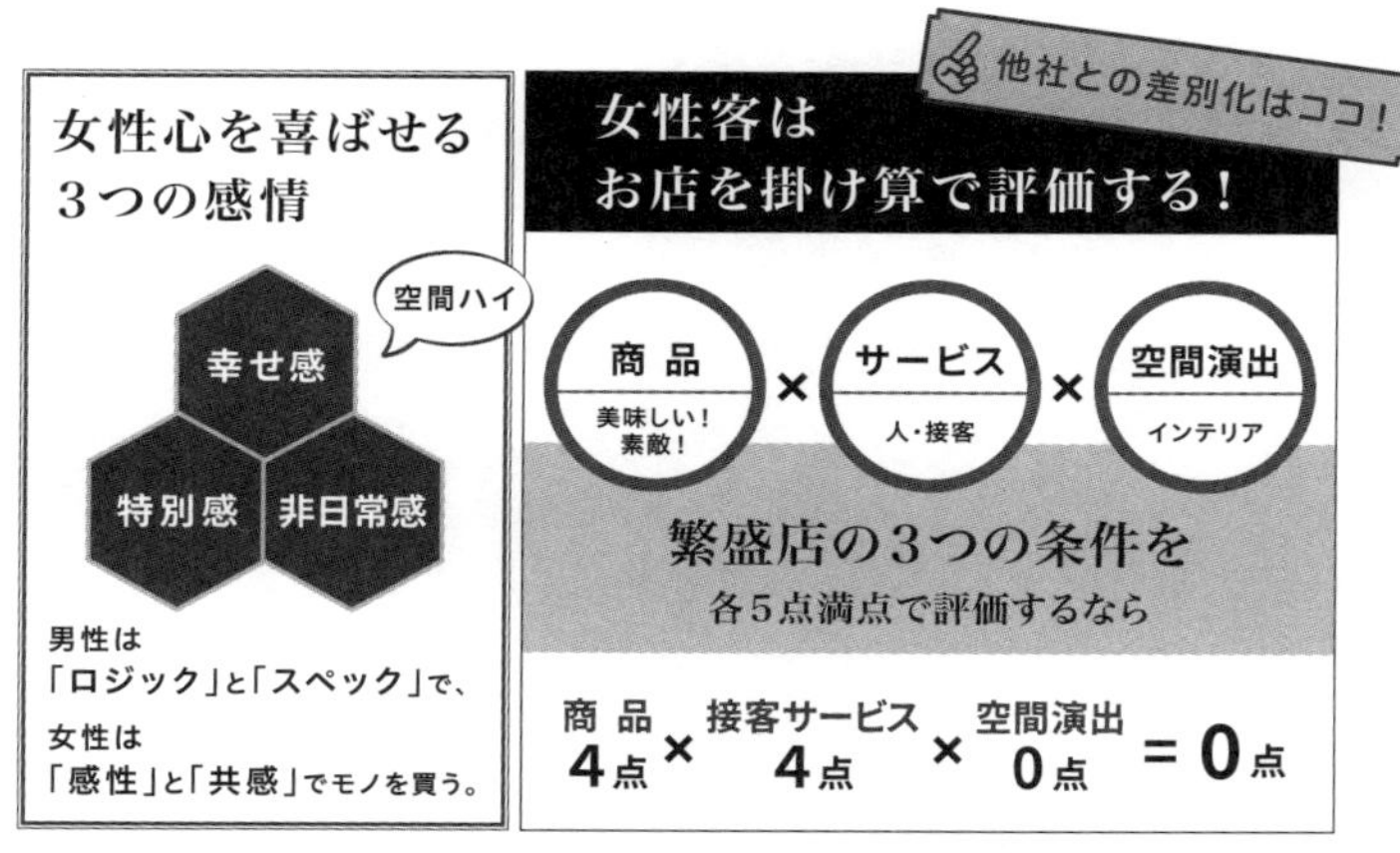

女性客の心をつかむ、「繁盛店の3つの条件」と「女性を喜ばせる3つの感情」、「男女の消費行動の違い」この3つで繁盛店は作れる！

る特別空間に仕上がっていくのです。

このときのコンセプトに、どれだけ尖った部分を作ることができるかによって、空間が持つ力に差が出てきます。コンセプトの細かいところまでとことん設定し、それに合ったシーンを作り込んだり、備品・小道具をプラスしていく作業をします。

これが女性の共感と感動を生むための仕掛けです。具体的なコンセプトの立て方は、124ページ以降で解説します。

第4章

魂のビジュアルブランディング、足りないのは「コンセプト」だった

空間ブランディングの核となるのは、圧倒的な世界観を持つ唯一無二のコンセプトメイク。

あなたの店でしか成し得ない個性的なコアコンセプトを立てて、女性客を魅了する集客メソッド「空間ブランディング」を叶えよう。

潰れる店のほとんどはコンセプトがないことが原因

「あなたの店のコンセプトは？」と聞かれたら、どう答えますか？　クライアントに向かって同じ質問をするのですが、まとを射ない返答であることが多々あります。

オーナー自身の得意なものや強み、または好きなことをコンセプトとして答える人が多いのですが、これはコンセプトとは全く別のことです。オーナーの得意なことや好きなことは、どちらかというと商品やサービスにあたります。

そこで改めてコンセプトを聞いてみても「わからない」「コンセプトはない」という答えがほとんどです。これが非常に危険です。実は、この**コンセプトをいちばんに考えることが、繁盛店を作る秘訣**といえます。10年経っても潰れない、愛される店で い続けるためには、私はコンセプトがいちばんに必要だと考えます。

では仮に、コンセプトを立てずに店づくりを始めるとします。予算や店の広さ、例えばサロンならセット面の数、飲食店ならば客席数などから考えることになります。

さらには従業員の数、どんな商品やサービスを提供するのかも考えます。この情報を工務店や設計事務所に伝えて、図面を引いてもらいます。

終盤になってやっと「壁のクロスや床は何色にしますか？」と質問されると、きっと困惑することでしょう。のちほど色についても解説しますが、壁や床の素材や色は、店の印象を左右する存在です。**コンセプトという基準がないために、具体的な店のイメージができず**、無難な色を選ぶのではないでしょうか。幸せ感、特別感も非日常感もないただの白とか。

もしもこの時点でコンセプトが決まっていて、店の象徴となるようなテーマカラーを入れることができれば、一気に洗練された空間が作りやすくなります。また**改装するとなるとお金も時間も無駄になります**。しかし、残念ながら、工務店や設計事務所の人でさえも、コンセプトは後からつけ加えるオプションだと思っているようです。

つまりは、自分たちは担当外だという認識。クライアント側は当然のように、工務店や設計事務所がやってくれるものだと思っているので、困り果てて私のところへ来られます。個人店のオーナーならばなお、大手に勝つためには尖って差別化する、そのためのコンセプトなのです。

「差別化ブランディング」で戦わずに勝つ

「心に刺さるブレないコンセプトメイク」で差別化し、「圧倒的な世界観で魅了する」、これが、ライバル店と戦わずに地域でオンリーワンでナンバーワンになる秘策です。

戦わないという意味は、他店と並んで広告を出さないということを指しています。

どういうことかというと、他店とは明らかに差別化された、圧倒的な世界観がない状態で広告を出したとしましょう。広告費は多ければ多いほど、ランクアップした目立つ場所に配置してくれます。それだけお金をかけた広告を見て、きっとあなたはがっかりすることになります。

なぜなら、他店を引き離すほどのインパクトある店内写真が掲載できていないからです。わざわざ目立つ場所に普通の店の写真を載せるということは、単にライバル店の引き立て役になるだけの話です。コンセプトのない店は、特に何も言いたいことがない店として、その他大勢の脇役ポジションのレッテルを貼られてしまいます。

一方、資金力のある大手は内装にも広告にもお金をかけることができます。

そこと戦わずして、広告に頼らずに、他店と差別化できるコンセプトを立てて空間ブランディングをすれば、勝算はあります。**商品やサービス内容に、ずば抜けた差がなくても店内のビジュアルがよい方にお客様は寄っていきます**。費用対効果が高いのは、空間ブランディングだということがわかっていただけると思います。

つまりは、**チェーン店などの大手と戦おうとしてはいけない**ということです。地域のコンビニ、ファミレスのような万人受けポジションを狙わないでください。誰にでもウェルカムな店にすると、結局のところ、誰も喜ばない店になります。

個人事業主が大手コンビニのようなチェーン店のやり方では勝てません。スタッフの数も違います。お客様から「ここじゃなきゃダメなの」といってもらえる店にすることを目標に、コンセプトを考えましょう。

コンセプトは理想の未来像から描く

コンセプトとは、予算や図面よりも先に作るべき大切なものだと述べました。そのコンセプトは、商品、ネーミング、グラフィックデザイン、サイン（看板）、インテリアデザイン、ファザードデザイン、ディスプレイなど、全てにおいて、コンセプト上に串刺しされているかのように、表現されブレていないことが重要です。

ほかの設計デザインと大きく違うのは、コンセプトから外れていないかどうかを俯瞰でしっかり見ていくトータルプロデュースがあることです。そのポジションに立たずに、インテリアは外注、図面だけしか担当しない場合は、徹底したコアコンセプト管理ができかねます。

コンセプトを立てるときに、大切なのは、店にどんな人を呼びたいのか、5年後、10年後はどんな店でありたいのかという、未来像を聞いていることです。オーナーにコンセプトを求めても、ズバリ言語化できる人は少数派です。なんとなくは伝えられても、その裏にある理念までも汲み取る必要があるので、多角的なヒアリングシートを用意しています（132ページから掲載しているので、答えてみてください）。

例えば、138ページで紹介する住宅モデルルームでは、設計段階からかなり限定したペルソナ設定をしています。リビングでどんなことをする人か、どんな趣味があって、どんな本を読んでいるのかなど、ライフスタイル全てを細かく把握して認定した、ペルソナイメージに近いモデルを起用し暮らしの1シーンのように撮影をしました。

住宅モデルルームにおいて、家を高見えさせるためには、実際にいそうな顧客をターゲットにするといった万人受けコンセプトは狙いません。今の時代になぜこのコンセプトが必要なのか、社会にどんなインパクトを与えられるか、業界をどう変えられるのか、といった理想の未来像に向けての企業ビジョンが語れるようなできるだけ尖ったコンセプト立案がポイントです。

その設定が甘いと、効く、刺さる、力づけるといった、人を感動させることがない空間となります。

あなたの店にベストな
コアコンセプトを立ててみよう

さあ、ここから実際にコンセプトを立てていきます。コアという言葉がついているのは、絶対にブレない圧倒的な世界観、芯の部分を探るという意味を込めています。

私がいつもクライアントにする質問はこの後に紹介する、①【空間ブランディング】ヒアリングシートと、②自分の商品やサービスの強みから【差別化コンセプト】を見つけるためのインタビューシートの2枚を使います。

①の方は、ライト版ともいえる簡単なアンケート形式のもので、これはわりとサッと書けますが、②のインタビューシートはなかなか書けない人がほとんどです。

なぜなら、これは企業理念や経営指針に匹敵するようなディープな質問となっているからです。「なんのためにこの仕事をしているのか、今後どんなポリシーで生きていくのか」、そんなオーナーのバックボーンや来来への決意表明ともいえる強い想いをコンセプトに込めて初めて、俄然空間が輝きだすのです。

コアコンセプトでは、さらにそこに、コアターゲットといえるペルソナ的クライアントの詳細情報を設定していきます。例えば、お客様の年齢、性別、職業、ライフスタイル、好きなものなど。

そして、これから未来に来てほしいお客様の像と同時に、来てほしくない人のことも聞くと、明確に方向性が見えてきます。

インテリアコンセプトは10年先を見据えて、トレンドを追いすぎないように、10年後も古くならないように設定し、それをペルソナに効くディープベネフィットまで掘り下げ、空間の中のアイテムやビューに洛とし込んでいく作業をします。具体的には、家具などのインテリアテイストと同時に、色（ベース&アクセントカラー）や素材、ディスプレイまでを全て、必ずこのコンセプトを通してセレクトしていく。これが大事なポイントです。

【空間ブランディング】ヒアリングシート

店舗名：

1. ターゲット［こんな人におすすめします］

2. 経営資源、他社との差別化といえる強み&ケース

3. お客様にどんな未来とベネフィットが約束できますか？

4. 価格想定

スタンダード：

最低メニュー：

最上級メニュー：

5. 理想のペルソナ的お客様イメージ
[年齢・性別、職業、趣味、子どもの有無ほか]

6. お客様として望ましくないと思っているキャラクター＆ケース

7. 将来なりたい理想のビジネスイメージ

自分の商品やサービスの強みから【差別化コンセプト】を見つけるためのインタビューシート

1. なぜ今の仕事をしようと考えたのですか？

2. お客様にどんなお店（会社）として認識してもらいたいですか？

3. お客様の何をサポートできる人ですか？

4. お客様にどんな理想の未来を提供できる人ですか？

5. 何年のキャリアがありますか？

6. お付き合いのあるお客様のキャラクターの共通点はどんなことですか？

7. どんなところを褒められると嬉しいですか？

8. あなたの商品やサービスのどんなところに驚いてもらえますか？

9. なぜこの店舗の立地を気に入っているのでしょうか？

10. 変えたくないこだわりや方針はありますか？

11. あなたのお店（会社）で他社より優れているのはどんなことですか？

12. ほかより劣っていると思うのはどんなことですか？

13. このお店に来てお客様が得をしていることは何ですか？

14. 仕事以外に自信のあることはありますか？

15. 仕事以外に時間やお金を使っていることは何ですか？

16. 人からどんな言葉で表現・評価をされることが多いですか？

17. 心に残るお客様とのエピソードはありますか？

18. もっと理解してほしいと思う点はどんなことですか？

19. お付き合いのあるお客様のキャラクターの共通点はどんなことですか？

20. 座右の銘といえる好きな言葉はありますか？

インテリアテイストを設定するためのヒント

◆初級編　ベーシックテイストをチェックしてみよう

- □シンプル・清潔感
- □カフェ風・グリーン多め
- □クール・スタイリッシュモダン
- □和モダン
- □シック・ニュートラル
- □アーバン・ホテルライク
- □ナチュラル・リラックス
- □北欧スタイル
- □ラグジュアリー
- □リゾート
- □エレガント・クラシカル
- □ビンテージスタイル

◆さらに上級者スタイルをリミックスしていこう

- □インダストリアル
- □ウエストコースト
- □リュクスモダン
- □ブルックリンスタイル
- □アイランドリゾート
- □シノワズリー
- □昭和レトロ
- □ラスティック
- □プロバンス
- □イタリアンモダン
- □ノルディック
- □フレンチシャビー
- □ボーホーモロッカン
- □ミッドセンチュリー
- □オリエンタル
- □ビーチスタイル
- □ジャパンディ
- □ロマンティック
- □ブリティッシュ
- □古民家モダン

15のバックストーリー

人生を変えた人気店のメイキングエピソード

長いキャリアの中で、多くの人に出会い、
たくさんの店を作り、様々な思い出がある。
そして、その数だけ人の生き方があり、人生がある。
どんな空間で過ごすかで、未来は変わる。
人生における未来をどう作るか、
それも、「空間」の力。
たくさんのエピソードとともに掲載するのは、
私の想いがつまった「差別化コンセプト」と
15の人気店の裏の物語。

住宅工務店にとってモデルルーム出展とは、ブランディングの主格といえる。
海外を真似た家も多い中、「日本の伝統と天然素材」を強みとするここでは、あえて非日常とホスピタリティの代表格である【日本旅館】を差別化コンセプトとした。

家族と客人をもてなし癒やす「日本らしい和のくつろぎスタイル」を、最上級の世界観で表現した。華美に飾らない手仕事の持つ温かさと、上質な自然素材の持つやさしさ、日本に伝わる丁寧な暮らし方を思い起こさせてくれる「家」。そのブランド名も「和讃」。

CASE 01

Interior Branding: 15のバックストーリー

住宅モデルルーム「石田工務店」

「侘び寂び」が研ぎ澄まされた日本旅館×洗練されたトラディショナル和モダン

Making Story ▷▷▷

「日本の心に満たされる」。職人の技、懐かしい畳の香り、やさしく温かな気分にさせてくれる明かり、季節のうつろいを感じられ、体の芯までゆるませ、ときを忘れさせてくれる空間。

そんな、日本旅館のように客人を静かにもてなし癒やす「家」、非日常を楽しみながら、泊まるように暮らす「家」。

日常を離れた和の安らぎに、心がゆっくりほどけていく……。

泊まるように暮らす非日常と伝統、そして自然素材を愛でる「新しくて懐かしい」和モダン住宅。

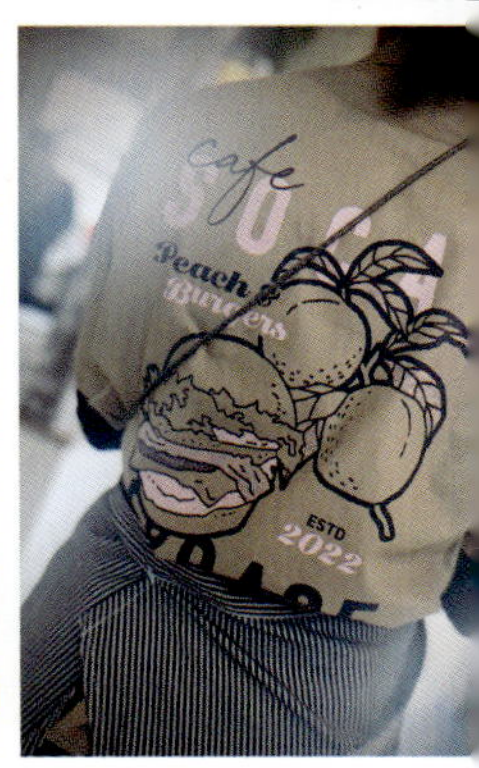

りパラソルを立てて思いっきりオープンエアなテラス席を作ろう！」。

SOCALとは、現地スラングでサウスカリフォルニアのことをいう。名前は、「カフェ ソーカル テラス」で決まった！

キッチンはコンテナハウス風に設計し、外壁はミントグリーンに塗装。ロードサイン代わりに大きなヤシの木を植えた。外に向けたフードから、ハンバーガーとパンケーキのいい匂いがする。店内は、LAビーチ沿いにあるローカルな田舎町をイメージして、ボードウォーク風に橋をつけた。ラスティックな海辺の小屋風に見せるため、古材にはシャビーなエイジング塗装を施した。

サンセットタイムにテラス席での生ビールがたまらなくカリフォルニア気分でかっこいい、アメリカンビーチカフェ「カフェ ソーカル テラス」。

CASE 02

Interior Branding: 15のバックストーリー

カフェ ソーカル テラス

南カリフォルニアのラスティックなビーチカフェ

Making Story ▷▷▷

彼が手描きの平面レイアウトのスケッチを持ってきたタイミングは、現場が着工間際でコンセプトが進まず頓挫しそうな、そんな時期だった。商品はパンケーキとハンバーガーで決まっていた。

「なら、アメリカンだね、西海岸ウェストコーストスタイル、時代はミッドセンチュリー、それもサンフランシスコじゃなくてロサンゼルスだ」。止まっていたコンセプトがどんどんと決まっていく。

飯山という山の裾野の町、海はない。でもいいんだ、ペルソナは、間違いなくサーファーだと西海岸のビーチ沿いにあるローカルな田舎町をイメージ。ビーチはないけど、ピーチはある。地元にある地場産桃農家の近くで育った彼は、この桃のことを知ってもらいたくて、桃パンケーキを開発する。彼の美容室の脇に増築の予定だったが、四角い箱では、道路脇で採光もイマイチ、南カリフォルニアの明るさが表現できかねる。「そうだ、デッキを作

す」。私たちを信じてこんな大型案件を任せてもらっているという思いに、「絶対繁盛店を作る」とスイッチを入れる。「天井が高いは七難隠す」の持論を持つ私は、「光熱費は広告費だ」とばかり、天井を貼らずにスレートの倉庫感をそのまま丸出しでいくことを決定。高い天井のシーリングファンが象徴的な倉庫風【ブルックリンスタイル】の大型カフェがデビュー、ここはウェイティングが止まらない店となった。

3号店は、お好み焼き店の後の居抜き物件。ターゲットは郊外に家を持つ主婦層に設定し、メンズライクなそれまでとは少しコンセプトを変え、名前も「リラクシング」とした。ガーデンから自然光が入る癒やしのリラックス空間、そんなナチュラルなゆるいイメージを少しプラスしたことで、女性客の支持がかなり増えた。

この街にも大型チェーン展開のファミレスやカフェがたくさん進出してきているが、ここはまさしく【デザイナーズコンセプトカフェ】といえる独自の世界感で魅了する、圧倒的差別化空間にこだわった「グッドネイバーズコーヒー」。

CASE 03 Interior Branding: 15のバックストーリー

グッドネイバーズコーヒー

ビンテージ×
NYブルックリンダイナー

Making Story ▷▷▷

ここを知らない地元の人はいないという香川を代表する大型人気カフェ。

当時何度も開催していた「ちょっと心地いい空間づくり」というセミナーに出てくれたことが、カフェを我々に頼むこととなったきっかけだと聞かされ、とても嬉しかったし、それから長い付き合いとなった。

最初に夫婦で訪ねてきてくれたとき、その物件がカフェに向かないと判断した私は、「ほかにいい場所が見つかるまで待とう！」と何軒も見送り、結果1年も待たすことになった。やっと見つかった1号店の場所は、30年も続いた昭和純喫茶の居抜き物件。かなり古く傷んだ箇所は目立つが、【昭和レトロ×NYビンテージダイナー】というコンセプトを着せると、古レンガも、アールの窓も、凝った装飾も全てがたまらなくかわいく見えてきた。「これこれ！　ヒットの予感しかない！」とすぐに着工、そして思惑通りの爆発的な人気店となった。

続いて2号店は、回転寿司店の後のスケルトンという超大型物件。しかも場所はかなり有名店が並ぶモール敷地内。「どうか渾身の店をお願いしま

聞かせたコンセプトは、「シチリア島のビーチハウスカフェ」。ヨーロピアンアンティークのドアやチェアに、イタリアンタイルの床、流木やガラスの浮き玉、麻ロープなどを合わせて、ビーチサイドの海の家のようなゆるい手作り感の残るイメージに。
店名は、「自分もクラシックだから名前はクラシコや」と自ら名づける。SNSで話題のこの店は観光ポイントといえるほど人気で、ある昼下がりテラス席で本を読んでいた女性は、なんと横浜からのひとり旅だと話していた。

そして彼は、「ここで海を眺めながら波音で目覚め、このカフェでごはんを食べるそれが幸せなんだ」と、元いた街を捨て、ここに住み着いた。浦島太郎の生まれ代わりかと思うくらい、ここのオーシャンビューに惹かれ続けて。
テラスの足場板に置いた瀬戸内レモンスカッシュ越しのビーチがたまらなく様になる、瀬戸内を代表するスロースタイルカフェ、「Classico セトウチ珈琲」。

CASE 04 Interior Branding: 15のバックストーリー

CLASSICO セトウチ珈琲

シチリア島のビーチハウスカフェ

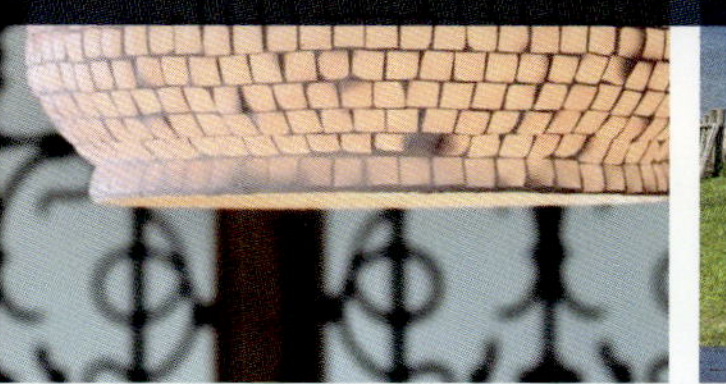

Making Story ▷▷▷

窓に広がるのは空と海のみ、海辺にいちばん近いカフェ。ここは荘内半島のずっと奥、浦島伝説があるオートキャンプ場浦島の敷地にある一軒家。

「この場所でカフェがやりたい！」このビューに惚れ込んだオーナーは、夢を実現させるために何年も諦めずに土地の交渉を続け、やっと形が見え、うちに訪ねて来たのは、確か定年後数年経った68歳のときだった。

決定打は大風呂敷で運び込んできた手作りの模型。しかもベニアでできている。「ここが厨房で、ここがカウンターで……」と嬉しそうに説明してくれる、そのシーンが今でも脳裏に浮かぶ。

「イタ飯は作れんけど、ラテアートは得意なんや」と、いつかのカフェデビューを夢見て、何年も自前のエスプレッソマシーンで日々練習を重ねてきたという。

この歳でこの僻地での起業。「人生最後で最大のかけ」だと一念を託され、それを糧に、「このカフェを繁盛店にする」というコミットを強く自分にいい

作る！」と強い想いを込めた。
女子力の高い彼のために、「エレガントで、グラマラスで、アンティークで、そしてかっこいい、アミューズメントパークのような圧倒的世界観の空間を作ろう」と。ロングランで愛されるサロンでいるために、古くなっても味が出てくる本物素材の内装材にこだわる。
木造2階建て、神戸の歴史ある古くて味のあるレトロビルを今風にリノベーションしたような、新築だけど新築らしくないそんなイメージ。初めて来た人も、昔からここに馴染んでいたような居心地のよさを表現したかった。
名前の如く、ここは人を幸せにするヘアサロン「ユーフォリア ヘア＆ビューティー」。

CASE 05 ユーフォリア ヘア&ビューティー

エレガント×グラマラス×
異人館風アンティーク

Making Story ▷▷▷

古き良き時代の居留地の異人館のような外観イメージの大型人気サロン。出会ったときには、すでに男性設計デザイナーさんの図面が仕上がり、確認申請中という最悪のタイミングだった。黒くて男性っぽいイメージに「なんだか納得できない、一からやり直したい」と言う。それを受け取るにはあまりに勇気のいる決断だった。違約金がかかるのは当然のこと、一からプランを立て新築を建てオープンまでは相当時間がかかる。

その間、黄金の腕のキャリアを持つ彼は、昼間はお母様の地元の小さなサロンで彼の独立を待つ常連客をこなし、夜はガードマンのアルバイトというハードな二重生活をこなしながら約1年間も待ってくれた。そんな「彼を絶対に勝たせる。しかもテナントではなく土地からの所有物件！　成功店を

でいること。左官も大工も外構工事も意外にも器用にこなす彼は、日々朝から農作業もこなし、夏にピザ窯も築き、晩秋には本職の本格イタリアンシェフに復帰した。

農業倉庫から飛び出してくるホロホロ鳥、土手で草を食べている山羊とポニー、店の周りをうろうろしているうさぎや鶏、犬のように飼い慣らされている猪、まるでふれあい動物園のよう。「わざわざこんなところまで来る人に、ちょっとでも楽しんでもらいたいから」と彼は言う。そして、あるとき訪れると店内の壁天井全部を樹木が覆い、まるでジブリの森のように作り込まれていた。「ここらの人にとったら、ウチはディズニーランドよ」と笑う、働き者で懐っこい彼の言葉が印象的。

地元では知らない人はいない、みんなに愛されてやまない気取らないイタリアン食堂、「ラ・フレスカ」。

CASE 06

Interior Branding: 15のバックストーリー

イタリアンレストラン ラ・フレスカ

イタリアの田舎町にありそうな老舗イタリアンバル

Making Story ▷▷▷

香川のはずれの里山的な場所にある、隠れ家イタリアンレストラン。こんなわかりにくい場所なのにいつも予約が取れない人気店。

最初は国道沿い路面店としてプランを始めたが、途中どうしてもその場所に納得いかないと頓挫し、次に呼ばれた場所は、スタックしそうな細くて急な田んぼ道を上りつめた草だらけのグラウンドだった。そこから約1年かけて新築、基礎から全てオーナーシェフとセルフビルドで作り上げた思い入れの深い店となった。暑い夏、現場の窓枠やドアにエイジング塗装をした日々を思い出す。

コンセプトは、イタリアの田舎街にあるような、レトロな老舗のイタリアンバル。しかも、周りはニンニク畑や田んぼに囲まれ、自給自足で地産地消のアグリカルチャーレストラン。「なんか居心地いい」世界観の種明かしは、新建材は極力使わず天然で本物素材にこだわり、アンティークリプロを選ん

壁や無垢の大きなドアはそのまま流用、アンティークな家具やシャンデリア、上質なレースカーテン越しに海が広がる。ジャンクなカフェはイタリアンクラシック×エレガントアンティークをまとった上質なリストランテに生まれ変わった。
「小さなブライダルもできたらいいね」と、高砂席になるであろう場所からは、あえて段差を取り、控え室はとりあえず小さなお子さんのプレイルームに。
誰かに教えたいけど教えたくない、記念日に毎年訪れたい、何十年も前から何も変わらずずっとここにあって見守ってくれているような、懐かしくて温かくてやさしい、静かな隠れ家レストラン。
そんなイメージをコンセプトとして、ひっそりと海辺の街に移転リニューアルした「リストランテ ニシシゲ」。

CASE 07

Interior Branding: 15のバックストーリー

リストランテ ニシシゲ

イタリアンクラシック×エレガントアンティーク

Making Story ▷▷▷

愛媛県のいちばん東の県境の海沿いにひっそりと佇む、レトロで風情ある一軒家イタリアン。ここは何度もオーナーチェンジした、40年もののレトロ物件。なんと、前回のカフェに続いて二度も関わることとなった思い入れもひとしおの場所。

初めての打ち合わせで元テナントを訪ねたときは、あまりの違和感に唖然となった。ガラガラ……と引き戸を開けると、小上がりの掘りごたつと座布団、戸襖のあるどう見ても焼き鳥が出てきそうな和風の居酒屋だ。シェフのいる本格イタリアンなのに、その空間のハンデをものともせず、トラットリアと言い切って頑張っている、その夫婦のポジティブな姿勢に胸打たれ、ここのファンたちのために頑張ろうとスイッチが入る。

目の前が海の引越し先は、バブリーな時代のいい仕事が見え隠れするレトロな喫茶店だった。古いタイルの床や、緑の見える大きな窓、アーチ型の

で、間違いなくターゲットの女性が大好きな店になった。
女性に特化するならと、女性専用トイレは、ベビーカーも入るようにし、オムツ替えスペースも設置。メイク用の照明付きミラーも設置し、ママたちに配慮した店にしたところ、ママたちが常客となり、お子様ランチも出すようになる。
なんだかすっかり異国に来たような非日常な空気感のカフェで、自家農園で育ち、とれたての皮も食べられるという極上のオーガニックなバナナのジュースとパンケーキをいただく。
その物語性のある尖ったコンセプトは、女性にとってはたまらなく魅力的で、休日にわざわざ遠出してでも行きたいカフェとなった。讃岐のアイランドリゾート、「ドリームバナナカフェ」。

CASE 08

ドリームバナナカフェ

沖縄アイランドリゾート×ベトナムオリエンタルリゾート

Making Story ▷▷▷

讃岐の国に、さぬきドリームバナナというオーガニックなバナナ農園があった。最初は「無農薬バナナジュースを味わってもらいたい」とバナナジューススタンドになる予定だったが、私が参加してから、「もっと本気のカフェにしよう」と少しスペースを拡張して50席以上の大型カフェとなった。

コンセプトは即決。バナナのふるさと、南の島をイメージした【沖縄アイランドリゾート×ベトナムオリエンタルリゾート】。ベトナムグリーンをベースカラーに、沖縄の花ブロックやバナナリーフのトロピカル壁紙、パンダンリーフやラタンシェード、中国格子建具など、オリエンタルリゾートをイメージするアイテムをラインナップした。

メインメニューもパンケーキ＆バナナジュース、カキ氷、フォーやナシゴレンといったアジアンごはん

全国区で取材が絶えない有名人気店となった。何度も何度も小さな改装を重ねてきたが、その世界観をなるべく壊さぬよう、アンティークを探したりエイジングしたり、そこに馴染めるもの、そして、ここに負けないものをセレクトする作業はたいへんだったが、誰もそこに気づかない、そんな独特な世界観、それがここの良さでもある。
ここで個展やインテリアセミナーを開催したたくさんの思い出とともに、当時雑貨屋だった私がセレクトしたモノ、オリジナルアートなどが今も変わらずそのままそこにいて、今思うと30年前の自身を振りかえり自分の歴史に出会える場所、そして空間デザインのスタート地点ともいえるそんな思い入れの深い場所。
瀬戸内の凪のごとく、ときが止まったかのようにゆっくりと時間が流れていく、お気に入りの椅子でまったりと読書にふける、そんな自分を取り戻す時間、不思議なレトロカフェ空間「カフェ umie」。

CASE 09 Interior Branding: 15のバックストーリー

カフェ umie

レトロなスロースタイル コンセプトカフェ

Making Story ▷▷▷

「umie」は、連絡船乗り場の海の前の倉庫の2階にあるレトロなカフェ。オーナーとの出会いは、彼がグラフィックデザイナー、私がスタイリストだった40年近くも前。デザインが本当に丁寧な手作業で作り込まれていて、それがたまらなくかっこいい、そんな時代背景だった。当時のその建物は国鉄の事務所だったらしく、外壁塗装はさびさびの古トタン、古材の床が印象的。木の事務机や黒板がそのまま残っていて、裏に秘めたパワーが半端ない主張を持った、百年ものの本物のレトロ物件だった。

オーナーがこだわりで集めたレトロな家具や雑貨たち、デザイナー時代からのマニアックな大量な本が、絶妙なバランスで所狭しと詰め込まれている。店舗屋が作り込んだ造作はほとんどなく、ほぼオーナーコレクションの私物でできあがったといえるカフェ。今でいう「コンセプトカフェ」の走りとなり、

りチャームポイントになるはずだと。
喫茶店の2階は、古い昭和の雀荘のままだった。2階は吹き抜けとして開けて、中2階はギャラリーとすることに。雀荘の椅子はそのままで充分愛嬌があるので、カフェで再利用。ほぼ全面改装となったが、昔からそのままあったようなレトロイメージをコンセプトに残し、新しく生まれ変わった。
「生き残れてよかったよ」と建物から聞こえてきそうな、晴れた日のオープン日、届くお祝い花があまりに多いのにびっくり。本当にたくさんのファンに愛されるお店だったんだと改めて実感した。元常連のシニア客と新しい若い客が居合わせても、そのまま温かく包み込む、懐の大きな空気感の居心地のよさ。昭和純喫茶のDNAを残したまま、このままいつまでも変わらずにいてほしい、喫茶「アンデルセン」。

CASE 10

Interior Branding: 15のバックストーリー

アンデルセン

純喫茶のDNAを残した 昭和レトロなシャビースタイル

Making Story ▷▷▷

街のはずれに位置する国道沿いに、昭和の昔からある懐かしい喫茶店「アンデルセン」があった。そこは、何十年も前から地域の人にこよなく愛される社交場であり、憩いの場でもある懐かしいレトロな空気感。

ちょっと古くなってきたこともあり、娘夫婦に代替わりするタイミングで、「解体撤去し、奥に建てた新居自宅下の駐車場に場所を移して新装オープンしたい」という依頼を受けて現場を見に行った。そこは、なんともメルヘンで今はもう見られない特徴的な外観。「壊すのは可哀想すぎる！」。いい時代だった懐かしい昭和の象徴イメージとして、なんとかしてこれをこのまま残せないかと考えた。きっとこれが、これから新規顧客となる若い世代にとっては、たまらなくエモーショナルで新しく映

ル天板は古い古民家の廊下の古材、アンティークの欄間や書院、木の梯子、糸巻きで作ったランプ、塗りのお椀やお盆、ディスプレイには懐かしいアイテムをふんだんに使った。
告知もなしですぐに地域の人気店になり、25席の客室ではウェイティングが続出。そこでさらに増床したいとのことで、隣の車庫をなんとか改築して別館とすることにした。土間の床を上げて古建具を入れると、旧館よりさらに古民家そのものに仕上がり人気席となる。
かわいいおばあちゃんがひとりで乳母車を押してきて、嬉しそうにぜんざいを食べている。それがとてもほっくりと似合っていた。
これ以上古くならない、懐かしいが新しい、地域にこよなく愛される隠れ家的古民家風和カフェ「珈琲屋 松尾」。

CASE 11

Interior Branding: 15のバックストーリー

珈琲屋 松尾

京町屋風、隠れ家的古民家の和風カフェ

Making Story ▷▷▷

ロケーションは港が近いローカルな街、地元民しか使わない県道沿いの静かな住宅街。そして自宅の敷地にある古い平屋の貸し家が空いたので、「なんとかカフェにならないか」という相談だった。それは田園風景の中にあり、古民家といえるほどの風情もビューもなく、微妙に昭和さが残る小さな社宅だった。

オーナーのキャリアは、有名和菓子ブランドの併設喫茶店で長いカフェ経験があり、やっと夫婦で念願の自分の店を始めたいということだった。得意ジャンルは、あべかわ、ぜんざいなどの和スイーツ。それなら無理やりにでも、「古民家風の隠れ家和カフェにしましょう」と、コンセプトはすぐに決まった。そこから、普通の住宅を京都の町屋風な風情ある古民家に仕立て上げるために、徹底的に古民家風アイテムを集めることに奔走することになる。壁には色褪せた古紙の書道用半紙を貼り、テーブ

ンをイメージした、海を感じるシャビーな空間。店名は、心地いいという意味のアイリーとお客様を迎え入れるゲートを合わせて、アイリーゲートに決まった。
面積が思ったより狭いという欠点は、それ以上の価値があるからと、テナントではありえない増築までしてスペースを増やすこととなった。
アメリカンコンテナハウスをイメージしたネイビーブルーの外壁が空と海の景色に眩しく映える。フルオープンの窓からは、波の音のBGM、満潮時には、船に乗っているかのようなキラキラした水面が揺れ、ただ座っているだけでオーシャンビューと潮風に癒やされる美容室「アイリーゲート ヘアステージ」。

CASE 12

Interior Branding: 15のバックストーリー

アイリーゲート ヘアステージ

海が見える シャビーな美容室

Making Story ▷▷▷

出会いは、別物件を借りようとしていたタイミングだった。起業を急ぐ彼の想いを受け取りながらも、一度これを見送ることにした。

次の物件は一転して、一瞬で心をつかまれて感動に震える物件だった。潮風と空と海をひとりじめ、そんな360度海に囲まれた、出島のような場所。そして、目の前に迫る大きな橋桁のブルーに溜息が漏れる。「素敵すぎる、この象徴的なオーシャンビューを切り取るように、ここにピクチャーウィンドウをつけよう」、どんどんビジュアルプランが浮かんでくる。

キラーコンセプトは、「海が見える、海に浮かぶヘアサロン」。ゴールデンゲートブリッジほどまでは大きくない橋だけれど、サンフランシスコのウェストコーストにある海沿いのローカルリゾートタウ

スタイルの練習をしていたのが、とても印象的で、改めて「バーバースタイル、何てかっこいいんだろう」と思い、「男性が憧れる男性のための圧倒的にメンズライクを代表するようなかっこいい空間を作ろう！」そう決心した。

ニューヨークのソーホーの路地にある老舗バーバー、そんなイメージをスタイリッシュにアレンジ。メンズライクなカーキ色の塗装壁、ブルーグレーのビンテージタイル、バーンウッドというアメリカの納屋の外壁古材を選び、徹底的に本物の素材感にこだわる。

男が男らしく最高にかっこよくいられる場所、そんなバーバー「ザグッドマンカットクラブ」。

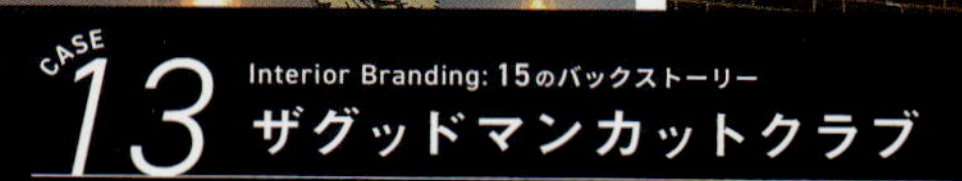

CASE 13 Interior Branding: 15のバックストーリー

ザグッドマンカットクラブ

インダストリアル×ビンテージバーバースタイル

Making Story ▷▷▷

そこに1歩踏み入れた途端、男の中の男のダンディな世界観が広がる、そんなイメージで作り上げた、メンズ専用バーバー。

アメリカの古き良き時代のビンテージで、インダストリアルなインテリアを「バーバースタイル」と呼び、トレンドスタイルとして話題になった。世の中はちょうどそんな時期だった。

理容室を3代目で引き継いだオーナーは、衰退気味な理容業界の現状に、「どうにか自身が起爆剤となってもっと盛り上げていきたい」そんな人生をかけた熱いコミットを語ってくれた。

本店リニューアルに続き2号店は、中心地に新築での出店、立地も外観も全てがリブランディングには重要な要素となる。

スタッフがたまたま大会に出るためにリーゼント

「大規模フランチャイズ店になくて、ここにあるべきもの」をとことん考えた。オンリーワンなこだわりの素材感、ドラマティックな光のマジック、いろいろなディテールのコーナーと椅子、とにかく必要なのは、「圧倒的なおしゃれ感、空気がピリッと変わるくらいの差別化空間」。そこは間違いない。コンセプトはベーカリーカフェらしくない「和モダン+ラグジュアリースタイリッシュ」。
オーナーが男性の場合、男性がかっこよく見える空間であるのは当然のこと。そこにモダンな和テイストもあり、さらにグラマラスラグジュアリーもある。ちょっと気になる違和感的リミックススタイルの中にいながら、ダークウォールナット色の大人な落ち着いた雰囲気、リビングルームのようなアットホームな癒やしもある、そんな空間。
なぜだかとにかく気になる、心包まれてまた来たくなる、そんなベーカリーカフェ「楓の珈琲」。

CASE 14

楓の珈琲

和モダン+ラグジュアリー スタイリッシュ

Making Story ▷▷▷

元の物件はラーメン店。その前はステーキハウス、さらに前は和定食屋だった。そのせいか、なぜか蔵づくりの和風な外観。しかも幹線道路沿いのその付近には、全国区フランチャイズのファミレスやカフェが立ち並ぶレッドオーシャン地帯、そんな立地だった。

ライバルとなるコメダ珈琲やCOCO'Sに勝つためには、本気の差別化戦略が必要ということには間違いなく、明確なターゲットとコンセプトが決定するまで、重圧ポジションを痛感しながら本気で他店のリサーチに奔走した。

オーナーは人気パン屋さんを経営していて、とにかく忙しい。小さなカフェなら「オーナーのキャラにお客がつく」そんなロジックで通すところが、これだけの大型店となると「空間に顧客がつき、空間が自動集客して稼いでくれる」そんな集客ロジックが必須である。

テリア。一石二鳥にインスタントに作ったファストスタイルとは真逆に位置する、スロースタイル。ゆっくりと時間が流れるただただ居心地が良い空間。何も尖らない、何も刺激しない。やさしいニュートラルカラーと自然素材がずっと昔からここにあったような、その空気感を全て新築で表現する。また来たいと思ってもらえるその要素を全て入れよう。

池の土手のグリーンの煌めきとやさしいリネンの手作りカーテンから、木漏れ陽と風が抜けていく。ビンテージな古材でテーブルを作り、古材の柱、あえて抜けとムラを作ってもらった左官仕事の壁。そして誰かのお家に訪ねたときのような温かでアットホームなおもてなし感と、いつまでもここにいたい緊張感のないゆるいリラックス感。そんなテイストを全部詰め込んだ、たった20席の小さな癒やし空間、「ごはんとおやつの店 とんとん」。

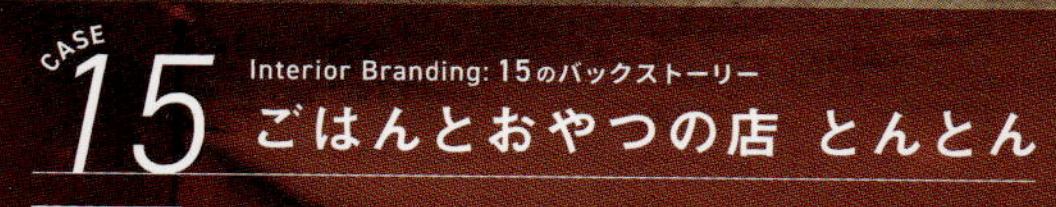

CASE 15 Interior Branding: 15のバックストーリー

ごはんとおやつの店 とんとん

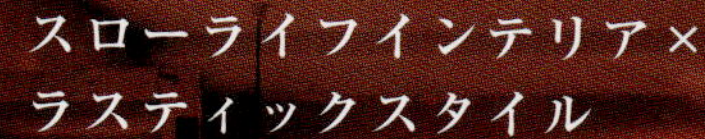

スローライフインテリア×ラスティックスタイル

Making Story ▷▷▷

池の辺りの土手の緑に癒やされるそんな立地に、店舗付き住宅を新築設計の途中、カフェ空間のデザインで関わるようになった。ご夫婦のこれまでのストーリーを聞くと、なんと自営の有名店で何十年の長いキャリアがあるという。

カフェ飯とは言いがたい、本気すぎる手作りの美味しいごはんを、丁寧に手際よく作る、そんなご夫婦。2階建て建物のうち1階がカフェ、「そうか、このカフェのスペースが、リビングでもありダイニングキッチンなんだ」。1日の大半をほぼここで過ごす覚悟の場所であるカフェスペース、きっと「人にごはんを提供することが大好きで、それが人生かけてやりたいこと」。そんな大きな人生の覚悟とコミットが見えてきた。そして、ここのお客様にとっては実家の母みたいな温かな存在なのだと。

コンセプトは、奥様の気さくな人柄と丁寧なごはんにもリンクした、天然生活的スロースタイルイン

repeat

triangle

PORTE MAILLOT
LOUVRE
FORUM DES HALLES
MUSEE DE L'ORANGERIE
REMIXED.
WALLPAPER
BY
ARTHUR SLENK
Coffee
Relax
triangle

symmetry

triangle
be still
AND KNOW THAT
I AM GOD

triangle

【心地いい】の法則

全てのモノは色・形・素材、この3つの要素でできている。

色数を減らす

ニュートラルカラー
原色NG
グラデーション
ワントーン(3色)
アクセントに白&黒

形

パターン化

シンメトリー
センター合わせ
三角形
3個リピート
高中低・大中小
グルーピング

素材

テクスチャー

上質ディテール
自然素材
(Noプラスチック)
スタイルMIX
アクセントグリーン

symmetry

triangle

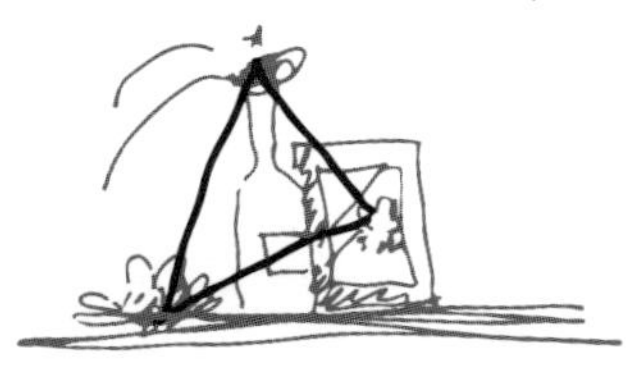

repeat

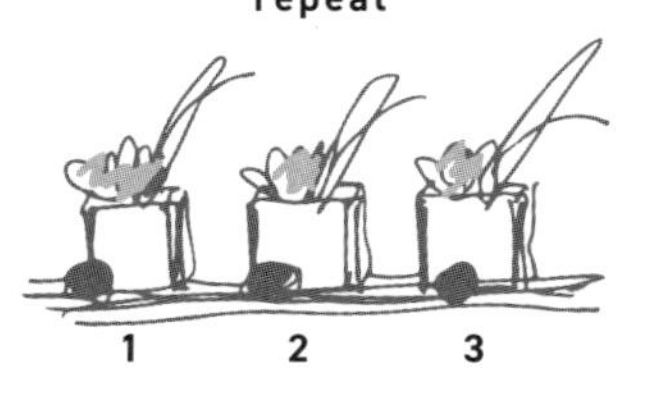

accent green

第5章

誰でも「心地いい」を作れる「黄金メソッド」

お店を人気店にするための心癒やされる空間を作る具体的方法「黄金メソッド」。10年経っても色褪せない、何度も足を運びたくなる。そんな唯一無二の空間のための7(セブン)ルール。

これさえわかれば、俄然、空間が輝きだす!

心に刺さる素敵空間のための7ルール

RULE❶ 色

ニュートラルカラーは癒やしの色

まず「原色を外す!」ということが基本のキです。ベースカラーというのは、いうまでもなく全体の大きい面積を占める色のこと、これが**ワントーンで静かに整っていること**、とにかくこれがいちばん大事。床やドアの色も含め、真っ白すぎない壁など、全てがニュートラルカラー、つまり**心を乱す要素がなく、自然と穏やかな気持ちになれる色の中にいる**ということです。

例えば、ベージュ、グレージュ、アイボリー、このあたりのやさしいトーンの色たちがニュートラルカラー。かなり上級者レベルで難しいように思いますが、要は全部ワントーンに揃え、あとは色を持ち込まない、それだけのことです。

写真を撮ってみるとよくわかります。イライラの原因はまず色。原色のモノからイライラビームが放たれています。溢れている原色を片っ端から外して、箱や引き出しにしまう、これは今日からすぐにとりかかれます。例えば、ノベルティでもらったペンや本の背表紙や、普段使いの日用品など、思っている以上に色の繁殖に侵されています。急いでハサミやピーラーが必要で１００円ショップに行ったとしても、黄色ではなくトウメイクリアを選ぶ。そんな「原色を絶対に持ち込まない」という意識を普段から習慣づけてください。

原色が多いということは、店はお客様のものなのに私物化されている証拠です。**洗練といった非日常な世界観を演出したとしても、これらが全て「生活感」となり、コンセプトとは程遠いところに引きずり落としているのが現状**かもしれません。

原色とは、12色クレヨンのように工業的に作られた色、ただ目立つだけで心を癒やす色ではありません。それを少し彩度を落としてスモーキーにしたニュアンスカラー、これをアクセントとしてほんの少し加えます（全体の5％まで）。ニュアンスカラーとは、日本の伝統色とか自然界の原風景といえる癒やしの色、例えば、赤ではなくえんじ色、黄色でなくカラシ色、緑ではなくアサギ色、そんな大人で落ち着いたイメージです。

原色のままでアクセントを入れると、ポップで元気な幼稚園のように、大人が癒やされる空間とは程遠いものになります。

ただ**目立って主張してくる色は、人の心に攻撃や敵対の空気を作ります**。特に原色同士が隣り合わせのときがそうです。また、補色同士の色（美術の時間に習った色相環の対面した色）はさらに要注意。その空間の中で喧嘩が起きているようなもので、お客様を嫌なムードにさせている原因はそこかもしれません。

アクセントカラーは選ぶのが難しい……と考えるなら、使いやすいアクセントカラーをお教えします。それは、洗練されたイメージで上質・上品に効く、黒や白、そしてシルバーやゴールドです。

ワントーンニュートラルコーデにこのアクセントの使い方は、ランクの高いホテルの客室でよく見かけます。**大人の癒やし空間を作りたいなら、ホテルの客室のカラーコーデをお手本に**するといいかもしれませんね。

心に刺さる素敵空間のための7ルール

RULE❷ 素材

経年変化のある　生きている天然素材を選ぼう

素材にはなるべく木や石などの天然素材、自然界を感じられるモノを使うことをおすすめします。100ショップにあるような石油からできたプラスチック製品は、できるだけ避けてください。例えば、カーテンも、ナイロンやポリエステルではなく麻や綿といったゆるいものに。これは本当に癒やされます。

壁はビニールクロスではなく和紙や漆喰などの塗り壁。ステンレスよりも表情のある鉄。つまり、**経年変化がある、自然の中から生まれた素材を選んでほしい**のです。ゆっくりと変化していく自然素材のモノは、空間と私たちにいい「気」を送ってくれます。

河原で拾ってきたまるい石コロや流木などもつい持ち帰ってしまうアイテムですが、

ディスプレイにほんの少し自然のものをプラスすると癒やされ空気感が上がります。

また、アンティークというアイテムは、本物は１００年以上経たないとそう呼べないのですが、無垢のテーブルを30年使い続けたらアンティーク風に味が出てきた、といった自分たちの歴史でアンティークに育てていけるものは素敵ですね。市販のリメイクシートや、安い家具の木目プリントでできているニセモノは、経年変化もなく、お客様の目は騙せません。

自然の木は反ったり虫食いがあるなど完璧ではなく、**その不揃いな表情の素材に人は癒やされます。自然の揺らぎのリズムを感じるから**です。

吹きガラスのゆらゆら感や、手漉き和紙の手触りもそうですね。「美人は3日で飽きる」といいますが、完璧で量産されているツルッとして整いすぎているモノには、人の心は動きません。

お気に入りの愛しのアイテムを、オンリーワンなアンティークに育てていく楽しみを味わってください。

心に刺さる素敵空間のための7ルール

RULE❸ 形――フォルム・レイアウト・スタイリング

空間にやわらかさを出す

まずはモノが持つフォルムに注目してみてください。カチッと角張っていると男性的、ふわっと丸っこいと女性的、そんな区別をしているかもしれません。

例えば、コンセプトがスタイリッシュモダンなら、カチッと全てがピン角で尖っている直線的なイメージがあると思います。そこをベースにして、そのイメージを時々覆す、やさしく揺れるレースカーテンや布貼りの椅子やモコモコの丸いクッションなどをあえてプラスすることで、空間に余裕と癒やしと温かさが入ります。

なぜか惹かれるモノが持つ流線形なフォルム、そして、空間の中に刺激になるようなモノを置かないようにすることで、「あなたを傷つけないからね」という空間からのオーラを出しています。

もちろん、色は完璧にコンセプトにブレずにスタイリッシュでかっこいい色を選び、形や素材で少し遊びを持たせ、「空間にやわらかさを出す」ことを意識して、フォルム選びをします。

意外と思いつかない斜めレイアウトが新鮮

その空間に入ったときの緊張感をほぐすためのレイアウトも大切です。四角い部屋を辺に沿って歩かせると目線が正面壁でストップするので、緊張感を覚えます。あえて斜め導線でジグザク蛇行するように歩かせたり、斜めレイアウトをトライするととても新鮮です。

また、人の視野は150度ほどといわれていますが、部屋のLの字の角を向いて斜めに座ると、目線が開けてきて抜け感がありふたつの壁が同時に楽しめる、カフェなどに向いたレイアウトです。**脳がリラックスして、副交感神経が優位になり、新しい発想が出てくるといわれています。**

そしてふたつ目のルール、スタイリングスキルのシンメトリー、センター合わせについてです。

設計のときは意識して使いますが、意外と素人の方はたいていこの感覚がアバウトです。これだけで空間が断然洗練されプロっぽくなります。例えば、ソファは窓のセンターに合わせる。両サイドに同じサイドテーブルとスタンド、絵をセンター合わせで3枚、そんな感じです。

日本の狭い住宅事情では、つい壁の端から順番に家具を配置する習慣があるようですが、**海外インテリアはたいてい、壁から離して部屋の真ん中にレイアウトしている**のでそこを意識してみてください。断然、垢抜けして見えます。

さらにもうひとつ、プロっぽく見える飾り方のルールがあります。空間にまとまりを出すために、色、形、素材のどれかを3回繰り返す、「3回リピートの法則」です。

例えば、額・クッション・ラグ、それぞれに少しの分量の赤が入っている、オープンラックに同じ種類のフェイクグリーンを3個配置、収納箱は同じモノを3つ並べるなど、形や色、同じモチーフを3つ繰り返すことです。大きいサイズになると、サイ

ドボード、ダイニングテーブル、照明器具に、同じウォールナット素材をリピートする方法もあります。

これが2回では、なんだか落ち着かず、3回にすると急にプロっぽい雰囲気に決まります。

雑貨店のディスプレイや家具屋さんのショールームで、プロたちが仕掛ける3回リピートの法則を探してみてください。

「なんとなくいい感じのお店」には、ちゃんと購入に繋がるような仕掛けがたくさん入っているのです。

心に刺さる素敵空間のための7ルール

RULE❹ 照明

照明多灯使いでドラマティックに

照明の演出は空間の中においてとても重要な存在です。魅せるための演出された空間では、間接照明やキラキラ感のあるガラスペンダントなど、とにかく光源の数が多いほど素敵。これが住宅との大きな違いで、多いほどよりドラマティックに、気分が上がる空間となります。

マンションなどの住宅で想像していただくとわかりますが、天井の丸いシーリングライトひとつで部屋全体を明るく照らしている、これは演出性ゼロで、作業スペースに向く明かりといえます。白熱灯の温かみのある色の照明を多灯使いすると、光と影のメリハリができて、俄然雰囲気の上がる空間に変化します。

女性の顔が綺麗に見えるのも断然白熱灯です。バーカウンターに座る女性にまつげの影が落ちていたりして、色っぽい表情に見える。それも照明プランで自在に作れます。

100%全てが見えているよりも、影で見えない部分がある方が、人はリラックスできて気分も上がります。**必要なところにのみライティングし、照らされていないところをわざと作る、**それがポイントです。

「サンセットの法則」というのがあります。日中太陽が頭の上にあるように、上から照明で照らされると、交感神経が優位になり、「もっと頑張って働け」モードになります。下からブラケットやフロアスタンドなどで照らされると日が沈むときのような感覚で、「今日もお疲れさま、ゆっくり休んで」といった副交感神経優位のリラックスモードに入れるのです。

LEDでも白熱に近いアンバー色をつけたクリア球があります。店内のライティングのランプ球を交換してみたり、スポットライトやペンダントライトをあちこちに足してみたり、魅せるための演出にぜひトライしてみてください。

心に刺さる素敵空間のための7ルール(セオリー)

RULE⑤ 五感に訴え感動を呼ぶ

五感に訴えかけるモノが、本当の心に効く

自然光(視覚)、風(触覚、聴覚、嗅覚)、緑(視覚、嗅覚)、音楽(聴覚)、香り(嗅覚)、**全て目には見えないものもありますが、空気感として心にダイレクトに訴えかけてくる「心地いい」空間には大切な要素**です。普段は目からの〝情報〟に脳が占領されてしまっていますが、目を閉じて心を解放してあげると、見えないものから感じることができる、とても贅沢な感覚を得ることができます。

例えば、普段はモノ自体を見ていて気づいていないものとして、窓から入ってくる**自然光**が挙げられます。人は光のない場所にずっといると気が滅入りますが、昼間のカフェでは、空が見え、レースやブラインド越しのゆらめく自然光が入ることが極上のご馳走のように感じられます。カフェではテラス席とか自然が感じられる風が通る場所があるのもいいですね。風に揺らされた木々からのキラキラした木漏れ日もまた、風があってこそです。

嗅覚の印象は視覚より鮮明に覚えているといわれますが、**美味しい匂い**に人はひきよせられます。パン屋さんは排気口をわざと外側の通りに向けたりするお店もあります。美味しい香りの宣伝効果は抜群です。

また、サロンなどなら、**アロマやディフューザーの香りの演出**も印象深いといえます。そして、ムートンやブランケットなど感触が気持ちいいと感じるものには癒やし効果があります。

さらに、**店のイメージに合った音楽**は、そこでの会話やコミュニケーションに大きな影響力を持っていることは、いうまでもありません。その時間帯の顧客層やイベントに応じて音楽をセレクトしているお店はさらにクラス感を感じます。

飲食店であれば、美味しいものを、美味しく見せるための演出として、器だけでなくあらゆる五感に働きかけます。

五感全てに心地よさを演出することで、空間ブランディングの完成度が上がるのです。

心に刺さる素敵空間のための7ルール

RULE⑥ Remix style

ほんの少しの違和感を残す美学

独自性のあるオンリーワンの空間を作るためには、このRemix styleの考え方が軸になります。例えば、**「ちょっとだけギャップのある違和感を残す」が鍵。**なんとなく印象に残るので、「なんか気になる、また行こうかな」と思ってもらえる。そんな顧客心理からです。クールモダンなコンクリート壁×アンティークな和箪笥×アフリカンクラフトディスプレイなど、古民家×猫足クラシカル家具×和食器でフレンチ……というように、**3つ以上のコンセプトを掛け合わせると、新しい文化の化学反応から、独自性のある世界観が生まれます。**

これがワンコンセプトだと、当たり前のセオリーに閉じ込められた顧客は、窮屈さを感じ、ときに顧客幅を狭めすぎることにもなります。また、最先端の流行のスタイルを追った場合も3年で古くなり飽きられる可能性もあります。

大手の地方進出と違って、個人では3年ごとにやり直すわけにはいきません。新装だけど懐かしい。落ち着き感と老舗感。でも何かドキドキする新しい感覚もあり、癒やされるゆるさがある。そんな微妙なラインを狙います。コンセプトはできるだけ尖って、インテリアスタイルは多様性ミックススタイル、これがいいのです。昔から長く続く店も今生まれたばかりの店も、色褪せずに愛され続けていくための秘訣です。

古民家などの古い物件、アンティークや古道具には、長く生きてきたモノゆえの強いパワーが宿っていると思っています。それは、シワに味のあるベテラン俳優の気迫のように、ただいるだけで存在感を放つ、そんな役割なのかもしれません。

国籍に関係なく、それらが持つ存在感を新装空間に入れることで、新人ばかりの初々しい空間に起爆剤となり空間がピリッと締まって見えます。**徹底的にコンセプトを尖らせその世界観に合った小道具を現代のものもアンティークなもの集めてくる、多国籍でインテリアスタイル。**ちょっと不思議で新しい感覚かもしれませんが、それでも**全体がまとまって見えるのは、色と形と素材のルールを完璧に守っているから。**映画や舞台のセットを作る、そんな世界観と似ているかもしれませんね。

心に刺さる素敵空間のための7ルール

RULE❼ ＋SLOWHAND

オンリーワンで価値ある、クラフトワークの力

工業製品などクールなアイテム（ガラス、金属、コンクリートなど）にはあえて、**人の手作業の温かさをプラスする**ようにしています。吹きガラスの作品や、作家ものの器など、誰が作ったのかわからないけれど、民芸品として売られているものや、クラフトもの。素材のところで述べた、揺らぎのリズムも感じられます。自作の陶芸作品など少しくらい不細工でも、花を飾るなどして役割を与えてあげると、「あなたを応援しているよ！」といった気が宿っていると思っています。

店舗のディスプレイ演出の中にも、ほんの少しのゆるいアイテムをあえて意図的にプラスすることがあります。例えば、子どもが自由奔放に描いた絵や、アフリカ民族が作ったプリミティブで何の気のてらいもない日常使いの器などは、グッドデザイン

の工業製品にはかなわない感動があるはずです。横を通るとほっこりするような自分にパワーをくれるもの。自分だけのお気に入り、ほっこりした「かわいい」を自分にくれるオンリーワンのアイテムは、捨ててしまうと二度と出合えません。

自分の過去の人格を育ててくれた家族みたいなもので、世界に1個だけしかないかけがえのない仲間のような存在でいてくれます。

そして、どこにも売っていないようなオンリーワンなモノは、人の気持ちを惹きつけてやまない感動があります。雑貨屋をしているときも、売っていない私物の備品を「どうしても売ってほしい」というお客さんがたくさんいました。

そしてそんな独自性のあるディスプレイは、チェーン展開の大手と違って、**オーナーの人間味のある人柄やセンスに触れて、クライアントがオーナーの世界観にハマりカリスマ性を上げる「戦略的演出方法」**のひとつなのです。

「効いている」空間は パワーを与えてくれる

空間には〝パワーを与えてくれる空間〟と、〝パワーを奪う空間〟の２種類があります。

まず、前者の**パワーを与えてくれる空間とは、感動と共感を呼ぶ心に刺さるブレないコンセプトと、意図的に選んだモノが効果的な場所に配置されている、整った空間があることが重要です。**

私はモノにも意識があると思っていて、並んだモノたちは、自分の役割を理解してその場で精一杯輝こうとします。役割を与えられたモノたちからは、よい「気」が放たれ、それを見た人たちの気分を上げて、パワーを与えてくれるのです。

そんな空間のことを、私は「効いている」と表現します。正確にいうとメンタルに効いている、元気や勇気や頑張ろうといったパワー、人にやさしくなれたり癒やされたり、心地よさというパワーをもらうときもあります。

いいホテルに泊まって仕事をすると、スルスルといい文章が生まれてきて、「ああ、ここ効いている空間だわ」と思うことはありませんか？

では、「効いていない」空間はというと、パワーを奪う空間です。何も考えずにとりあえず置いたモノが雑然と並び、散らかった印象。本当は輝きたいと思っているモノたちも、ちゃんとした居場所を与えてもらえずに、喧嘩しているような状態で悪い「気」を放つのです。その空間にいると、なんだかイライラして、つい語気も荒くなったり、言い争いになったり、やる気も生まれず、物事を前向きにとらえることが難しくなります。あなたの脳の本心は「早くここから離れたい」といっているはずです。夫婦喧嘩が絶えない家や、引きこもりの子どもがいる家庭も空間に問題があると思っています。

これがお店のケースだとさらに最悪なのは誰でもわかります。来店してくれた営業マンは仕事なのでそれに堪え営業に徹しますが、エアコンが効いていない部屋に通されたのと同じ、パフォーマンスが下がるのは当然です。お客様はどうでしょう、女性は一瞬にして「ここは私の居場所じゃない」と判断して二度と来ない、それだけです。

なぜ、そのような違いが生まれるのでしょうか。空間を作る人の意思（気持ち）が入るからです。意図的に選んだモノには愛情が入り、お客様を喜ばせたいというホスピタリティがモノを通して表現できているということです。

モノには意識があるといいましたが、愛情を持って接しているモノたちは、空間の作り手がお客様をおもてなししたいと思うその期待に応えてくれています。

どのように効かせるのかという、具体的な方法については、172ページからの「黄金メソッド」で紹介しています。

ショップの仕掛け方は展示会の導線と同じ

店舗空間プロデュースのキャリアの以前に、インテリアスタイリストでありデコレーターとしてのキャリアがあるので、人を惹きつけるための見せ方を、VMD（ビジュアルマーチャンダイジング）としての目線で考えます。大規模な展示会のレイアウトやプロデュースのほか、バイヤー向けのアパレル展示会や雑貨などの小規模ブースの展示会など、あらゆる空間を「売れる空間」としてブランディングをしてきました。

商談が決まるように、大きな会場の中で足を止めて一歩入ってみようと思ってもらえる仕掛けを、たくさん入れていきます。**ほかのブースよりいかに目を惹き、心をつかむか。それをいかにビジュアル的に戦略化していくことが勝負の鍵**です。

向こうからお客様が歩いてくる、それをただ待っているだけではダメで、そういう意味では、一般のお客様が来るショップも仕入れバイヤーに向けた展示会も、足を止めてもらうための仕掛けとしてはほぼ同じ理論です。以下の項目に注意して仕掛けていきます。

導線

導線とは、住宅設計の動きやすさといった意味の動線と違って、仕掛けた側が相手を思うように動かすことです。**仕掛けるこちら側が意図した、アイキャッチを追いかけながら導かれていくうちに、自然と心をつかまれ、ショップやブースの中にお客様を引き込み購入に繋げることができる**ように考えます。

例えば、お客様はショップやブースを見つけるまでは、通路の進行方向に向かって歩いています。つまり、入口を横目に見て進んでいきます。そのため、アイキャッチを仕掛ける場所は、入口のある面の角です。どこにアイキャッチを仕掛けるかといったその目線は、店舗でも同じ顧客の心をつかむ大事なポイントといえます。

フォーカルポイント

フォーカルポイント=見せ場を作るときは、人の目線の高さ150cmに設定します。

フォーカルポイントをお客様が見るときに、目線が縦方向に動くようにすると印象に残ります。壁にも小さめのディスプレイ用の棚をつけて花を活けたり、絵を飾ったりすると、そこがフォーカルポイントになります。

フォーカルポイントが仕掛けられていないと、お客様は何事もなく通り過ぎてしまうだけでなく、なんの印象にも残らないということ。また、見せるべきポイントの場所を決めずに、あちこちに好き勝手にモノを並べたりポスターを貼ったりしているブースは、前述の通り効いていない、働かないブースです。高い出展料を払ってまでライバルの引き立て役になっているだけでなく、顧客層へのホスピタリティがない会社としてのレッテルを貼られているという事実。どう見せるか、どう見られているかは、大事なブランディングです。

視界150度

人間の見える範囲は150度といわれています。展示会ではこの視界の中に有効に入るように、いろいろな仕掛けを入れていきます。これをカフェのレイアウトで応用すると、全席に座ったときに、どの席もハズレの席がないようにするのは当然のことですが、もしハズレの席があったとしても、その席のお客様の視界150度内のところに素敵な仕掛けを意図的に入れていきます。そのときの記憶と印象で、お客様は「心地いいカフェだった」とまたリピートしてくれるのです。

反対に、お客様の視界150度の中に見せるべきでないものが入っていないかを、全席に座って確認することも大事です。

このように、VMDといった顧客心理を利用して、見た目に仕掛けを入れていくことで、購買心理を自由に操ることが可能になります。主にアパレルなどで使うノウハウですが、あらゆる商業空間で応用できます。

ディスプレイ箇所を決め、そこを美しいビジュアルバランスで丁寧に整えていくこと、そこがスタイリングのポイントです。

ONの空間とOFFの空間を効果的に使い分ける

ONの空間とは、「うわぁ〜素敵！」と気分が上がりアドレナリンが出てハイテンションでいられる非日常空間のことです。

交感神経を優位に働かせ、ドキドキするような体験をする場所に作り上げます。インテリアスタイルでいうとラグジュアリー、グラマラス、リュクス、スタイリッシュモダンなど。

OFFの空間とは、気分をゆるませストレスフリーな気持ちで癒やされ、リラックスできる空間のことです。

副交感神経を優位に働かせるため、ほっとひと休みできる、そんなイメージ。インテリアスタイルでいうと、ナチュラル、スロー、カフェスタイルなど。

自分の店に設定したコンセプトの理想のペルソナから、どちら側の空間にウェイトを置いて作るのかを考えてみる、まずそれがスタートです。

インテリアスタイルはいろんなテイストがありますが、客単価やペルソナイメージによって、どのくらいの比率でONとOFFの割合を入れていくかを考えてスタートするのは当然のこと。また、オーナーが将来どこまでこのお店のランクを上げようとしているかもポイントになります。

例えば、ホストクラブや高級ラウンジならば、おもいっきりONの空間で、おうちリラクゼーションサロンならおもいっきりOFFの空間。

ペルソナがどちらを望んでいるかを考えて空間づくりを進めましょう。

ONの空間

グラマラス
ハイラグジュアリー
ホテルライク
スタイリッシュモダン

交感神経が優位になって、非日常な気分でテンション上がる映えインテリア

[効果]

気分、モチベーションを上げる
目標達成
ビジネスマインドセット
勝負スイッチON

[向いている店]

婚活パーティ会場
会員制高級エステサロン
撮影スタジオ
ホテルのスイートルーム
ダイニングバーなど

OFFの空間

ナチュラル
リゾート
ノルディック
エレガンス

副交感神経が優位になって、緊張をほぐし、ゆるめる、癒やしのインテリア

[効果]

リラックス
ヒーリング
緊張感をゆるめる
フレンドリー

[向いている店]

おうちカフェ
おうちサロン
スピリチュアルサロン
リラクゼーションサロンなど

統一された世界観を作るためのスタイリング

差別化コンセプトによる圧倒的な世界観を作るためには、魅せるディスプレイ、すなわち〝ショウイングディスプレイ〟が必須となります。ディスプレイすることを意図しているかどうかで、空間の仕上がりに違いが出ます。172ページからの「心に刺さる素敵空間のための7ルール」を参考に空間を作ってみましょう。

VMD（ビジュアルマーチャンダイジング）からいうと、**顧客の購買心理は全てディスプレイの仕掛けから操ることができる**のです。例えば、展示会でどれだけ商談結果がもらえるかどうかは、仕掛けができているか否かで差が大きく開きます。

必要なモノをサッと選んで買えたらそれでよいコンビニとは違い、雑貨屋はテーブルコーディネートなどのショウイングディスプレイ、つまりライフスタイル提案があってこそ、モノを選ぶことができます。

特に女性は、素敵なディスプレイを見て、その先の自分の生活イメージに当てはめ、

イメージを膨らませることで「これ欲しい」と購買に繋がる行動になります。

例えば、素敵なヘアサロンでの鏡の中に、キッズルームのぬいぐるみが映ってしまっていたら、どうでしょう。いくら空間が素敵でも、そのお客様の脳裏に焼きついたのは、ぬいぐるみです。いつも以上にヘアスタイリングは素敵に仕上げてもらっても、台無しですよね。

これの何が問題なのかというと「意図して置いていないこと」です。たまたまキッズルームに置いてあるモノが、鏡から見える位置にあったということでわざわざそこに置きたくて置いたわけではないですよね。

ホテルのエントランスに花瓶に花が生けてあったとして「誰かがここに忘れたの?」とは思いません。なぜなら、**意図して、あるべき場所に飾られているから**です。**決めたコンセプト実現のために、そのモノが働いているかどうかを基準に考えてみてください**。

もしも置いてみて違和感があるならそれは、そこにあるべきモノではないということです。後から足していくことは簡単ですが、引くことの勇気に美学があると思っています。確実に働いているもの以外は、とりあえず置きをやめてみましょう。

おわりに

空間は、ステータスを誇示したり、かっこをつけたりするためのものではなく、自分らしいパワフルな人生を切り開き、後押しするツールだと伝えてきました。ちょっとオーバーですが「三度の飯より空間が好き!」。心が震えるほどの感動がある空間を体感することが、私の原動力です。同時に、人に感動を与えられる空間を作るパワーの源なのだと実感しています。

人生の全てにおいて、いい空間に育てられてきました。人生の大切なターニングポイントで必ず新しい空間を作り直し、その空間に助けられ成長してきた、という想いがあります。インテリアスタイリスト、インテリコーディネーター、店舗デザイナー、プロデューサー、キャリアの中で、その時々の未来のコミットに合わせて、自身の空間を作り替えることでステージアップさせてきた半世紀でした。

自身の空間以外では、ある意味趣味ともいえるホテルやカフェめぐりです。非日常と言えるいい空間に自分を置いてみることで得られる感覚。いい空間から得た経験値を重ねることで、インスピレーションを受け生み出される文章やデザインのクリエイティビティの質の変化。これが私の人生においてかなり大きな価値があることを実感しています。そして、その空間に込められている小さな仕掛けをひとつひとつ見つけていくこと。これがたまらなく大好きなライフワークです。

この感覚に共感いただける、同じ空間づくりを仕事としているデザイナーや、コーディネーターの方たち。今から自分のお店や空間を作ろうとしている方々。改めて空間に新しい価値観を投入してみたいと思いはじめた方たち。みなさんに強く伝えたいことがあります。空間は無機質な物質ではなく、あなた自身の生き方を投影した、あなたの心に深く入り込んで大きな力を与えてくれる存在です。そして、あなたの人生における最大に大切なあなたの味方なのです。

心を震わすほど感動する空間をあなたの人生に投入することで、きっと素晴らしい成果と大きな満足感、幸福感を手に入れることができると思っています。そして、この本との出会いがあなたの人生において、大きくステージアップをするきっかけとなれることを強く望んでいます。

最後に今回、出版社としてお世話になった游藝舎の社長今井昂洋さん、清水颯さんには改めて感謝の気持ちを伝えたいと思います。私のライフワークといえるこの活動、「空間」の持つ力を広く社会に知ってもらいたいという想いを、地方からずっと発信し続けていた私を見つけ、その内容に価値や魅力を感じてくださり、親身にここまで対応してくださいました。

ほかにも今回の書籍化を支えてくださったみなさま方、私の意図を汲み取ってくださりサポートしてくださった上紙夏花さん。コントロールタワーとして、本書の様々な調整をしてくださった大川朋子さん、奥山典幸さん。世の中に必要な書籍であることを理解していただき、一緒に伴走していただいたこと、本当にありがとうございました。

そして、今回の「15のバックストーリー」にお名前と写真を出させていただいたショップオーナーの方々、改めてご協力をいただきありがとうございました。

この本を読んでくださったみなさまが、よい空間に包まれて、より一層幸せな毎日を過ごせるように、心からお祈りいたします。

2024年10月　三好里香

三好里香
Rika Miyoshi

空間ブランディングコンサルタント／
空間デザイナー

urban rustic style
dragon factory

デザインオフィスLEE planning代表。

業界歴35年の豊富な経験値から、カフェ、レストラン、サロン、ホテルなどの商業空間のプロデュース、リノベデザイン、ショールームデザインなどを多数手掛ける。

人の心と空間との関係性を紐づけた「インテリアセラピー論」を提唱、「心を魅了し感動に繋げる空間」をデザインポリシーとし、空間における女性マーケティングに特化した『女性集客ビジネス』を得意とする。

コンセプト立案からショウイングまで、ワンストップ体制で空間価値をステージアップさせ収益化する『空間ブランディング』独自理論で、ショップをトータルプロデュースし繁盛店に導く。


1995年、インテリア専門学校非常勤講師。

1999年、インテリア雑貨ショップ〈dragon factory〉オープン（2021年クローズ）。

1989年、恋に仕事に日々の暮らしに輝く女性のための「インテリアセラピーレッスン」発刊。

2022年、空間ショールームとしてのレンタルルーム
「upstairs 」「dragon キッチン創」2部屋同時オープン。

空間コンサル得意ジャンル、ほか独自セミナー多数

- 自分の居場所をパワースポットに変える心地いい空間づくり
- 小さなサロンのための集客セミナー
- 魅せる展示会の効果的レイアウト＆ディスプレイ
- 不動産オーナーのための空きの出ないリノベーション
- 欠点だらけの店を自然と人が集まってくる店に変えるコンセプト集客法

カバーデザイン
鈴木大輔（ソウルデザイン）

本文デザイン
樋口敬太（Gojyo graphics）

構成
上紙夏花

編集
株式会社マーベリック（大川朋子・奥山典幸）

DTP
三協美術

校正
ぷれす

女性集客のプロが教える

人気店の空間ブランディング

2024年11月30日　初版　第1刷発行

著　者　　三好里香

発行所　　株式会社 游藝舎
〒150-0001
東京都渋谷区神宮前二丁目28-4
電話 03-6721-1714　FAX 03-4496-6061

印刷・製本　　中央精版印刷株式会社

ISBN978-4-9913351-5-0　C0052